ESSAI

SUR L'HISTOIRE

DE LA

LANGUE BRETONNE.

IMPRIMERIE DE L. PRUD'HOMME, A SAINT-!

ESSAI
SUR L'HISTOIRE

DE LA

LANGUE BRETONNE

PRÉCÉDÉ

D'UNE ÉTUDE COMPARÉE

DES

IDIOMES BRETONS ET GAËLS

PAR

Th. HERSART DE LA VILLEMARQUÉ.

Ne offendat nimium urbanas aures
sermo rusticior.

Sulpicius Severus.

—

PARIS,

A. FRANCK, RUE RICHELIEU, 69.

1847.

ESSAI

SUR

L'HISTOIRE DE LA LANGUE BRETONNE.

L'ÉTRANGER qui voyage en France s'étonne, à mesure qu'il s'avance vers la mer, à l'ouest, d'entendre parler une langue différente de celle du reste du pays, et n'offrant même avec elle aucune espèce d'analogie. Les villes de la péninsule armoricaine, comprises dans les trois départements du Morbihan, du Finistère et des Côtes-du-Nord, lui présentent bien, à l'accent près, la même langue que toutes les autres villes qu'il a traversées, mais les campagnes cessent d'être françaises. S'il passe la mer et va en Angleterre, il est témoin d'un phénomène bien plus extraordinaire encore : ici, ce n'est plus seulement une province dont les habitants ne parlent pas la langue nationale, ce sont trois grandes divisions du pays, savoir : la principauté de Galles, l'Irlande et la Haute-Ecosse ; et, chose singulière, les populations qui les forment, étrangères par l'idiome à la masse du peuple anglais, s'entendent entre elles, quoique séparées, et peuvent comprendre à la rigueur les habitants de la péninsule armoricaine.

La science philologique et historique a cherché la cause de ce fait curieux, et elle a trouvé que les Bretons de France, les Gallois, les Irlandais et les montagnards de l'Ecosse, appartiennent de plus ou moins près à une même famille primitive, dont chaque rameau parlait un dialecte d'une langue commune, qui, à travers les siècles et avec des variations inévitables, est arrivée jusqu'à nous. On peut même écrire l'histoire de cette langue, depuis les premiers siècles de l'ère chrétienne ; assez de monuments littéraires authentiques nous restent pour la faire ; mais, en remontant plus haut, la tâche devient difficile, faute de textes originaux : elle n'est pourtant pas impossible, et nous la tenterons par le moyen que nous indiquerons tout à l'heure ; puis, après avoir cherché quels étaient les caractères de la langue que parlaient les ancêtres des Bretons de Galles et d'Armorique, et des Gaëls d'Irlande et d'Ecosse, nous nous arrêterons à l'histoire particulière de la langue bretonne armoricaine, qui fait l'objet de ce travail. Il se divise en quatre époques : la première, concernant les origines, embrasse les temps obscurs antérieurs au christianisme, et va jusqu'au ve siècle de notre ère ; la seconde s'étend du ve siècle au xiie ; la troisième s'arrête à la fin du xve siècle ; la quatrième comprend les trois derniers siècles et le nôtre.

PREMIERE ÉPOQUE. — ORIGINES.

Il y a longtemps qu'un des philosophes les plus illustres du xviie siècle a proposé à l'examen de l'Europe savante, le sujet qui va nous occuper dans ces prolégomènes. « Pour se faire une idée exacte, disait Leibnitz, des anciens dialectes de la Gaule et de l'île de Bretagne, il faut étudier les langues bretonne, galloise, écossaise et irlandaise qui en sont des débris. » D'où vient que cette importante question n'a pas encore été traitée comme Leibnitz le demandait, et comme elle le mérite? Sans doute, de ce que les principes de critique qui servent à l'étude comparée des langues, n'avaient pas encore été solidement et scientifiquement établis. Grâce à ces principes désormais fondés par les admirables travaux de MM. Grimm, Bopp, de Humbold, et surtout de notre compatriote M. Eugène Burnouf, nous pouvons explorer moins aventureusement le ténébreux domaine des idiomes vulgairement appelés *celtiques*.

Nous aurons à les examiner sous le double rapport du vocabulaire et de la grammaire.

A défaut de textes antérieurs à l'ère chrétienne, nous avons d'abord les mots cités comme celtiques par les anciens, ensuite les vieux noms de lieux, de peuples et de personnes de la Gaule et de l'île de Bretagne, qu'on peut regarder comme une suite de monuments historiques qui parlent d'eux-mêmes; enfin, les dictionnaires et grammaires des Bretons-armoricains et gallois, d'une part; de l'autre, ceux des Gaëls d'Irlande et de la Haute-Ecosse. Or, les locutions gauloises données par les écrivains de l'antiquité, ainsi que plusieurs des dénominations primitives de la Gaule et de l'île de Bretagne, s'expliquent par les dialectes celtiques de cette île et du continent, et, en rapprochant et comparant les vocabulaires actuels de notre Bretagne française, du pays de Galles, de l'Ecosse et de l'Irlande, on voit qu'ils offrent une telle multitude de mots semblables exprimant la même idée, qu'on pourrait, à l'aide des dictionnaires bretons et gaëls composer un vocabulaire dont chaque expression appartiendrait à chacun des idiomes celtiques en particulier et à tous en général (1). Quant à leurs grammaires, elles présentent les mêmes caractères fondamentaux, et il ne serait pas difficile assurément d'en écrire une commune à toutes les branches de la famille celtique (2). C'est ce qu'il s'agit de prouver.

Procédant naturellement du connu à l'inconnu, je dois examiner d'abord les mots gaulois cités et traduits par les écrivains de l'antiquité. La liste est longue, j'en ai compté sept cents qui se retrouvent dans les quatre dialectes celtiques modernes. Ils montrent jusqu'à l'évidence que l'ancienne lexicographie des peuples celtes, du moins pour les termes usuels, ne différait pas essentiellement de leur lexicographie actuelle.

(1) Je me suis particulièrement appuyé, dans cet *Essai*, pour le breton-armoricain, sur les dictionnaires de Le Gonidec toujours, de dom Le Pelletier quelquefois; pour le breton-gallois, sur ceux de Owen et de Davies; pour le gaël-irlandais et pour le gaël-écossais, d'O'brien,

d'Amstrong et surtout de l'*Highland Society*.
(2) Les grammaires bretonnes de Le Gonidec et de ses élèves, galloise de Davies et d'Owen, gaële-irlandaise d'O'brien et gaële-écossaise de l'*Highland society*, sont les principaux guides que j'ai suivis et les meilleurs.

La plupart des dénominations que les peuples n'empruntent pas, et dont se servaient les premiers habitants des Gaules et de l'île de Bretagne, sont encore en usage parmi leurs descendants d'Irlande, d'Ecosse, de Galles et d'Armorique. Ainsi je retrouve dans la langue de ces derniers les noms que leurs ancêtres donnaient aux animaux indigènes : *marc'h*, le cheval (1) ; *tarv*, le taureau, et *garan*, la grue (2) ; *alaoud*, l'alouette (3). J'y retrouve sous leur nom actuel tous les arbres, toutes les plantes du sol : *dero*, le chêne (4) ; *bedou*, le bouleau (5) ; *gwern*, l'aulne (6) ; *rad*, la fougère (7) ; *pempedul*, la quintefeuille (8) ; les instruments de guerre ou autres dont les Gaulois faisaient usage : *spar*, la lance (9) ; *kateïa*, le couteau de combat (10) ; *matarc'h*, le javelot (11) ; *trifenn*, le dard ou fer à trois têtes (12), et *isarn*, le fer lui-même (13) ; *tach*, l'épieu armé d'un *clou* (14) ; *petorrod*, le char à *quatre roues* (15) ; *beg*, le crochet (16) ; *gwinmeled*, la vrille (17) ; *triped*, le trépied (18) ; *chroth*, la rotte ou la lyre (19) ; leurs mets favoris et leurs boissons : *bresk*, le gâteau de miel ou *craquelin* (20) ; *bras*, le grain moulu (21) ; *kurv*, la cervoise (22) ; *zist*, le cidre (23) ; les différentes parties de leurs vêtements : *brag*, la culotte (24) ; *saé*, le sayon ou jupon (25) ; *lenn*, le

---

(1) Ιππων το ονομα ιϛω τις Μαρκαν οντα υπω των Κελτων. (*Pausanias. L. X. p. 645.*) En gaël-écossais, *mark* (pron. *marc'h*); en gallois, *marc'h*, en breton, *marc'h*.

(2) *Tarv-os-tri-garan* (*us*) (le taureau-aux-trois-grues). Voir le bas-relief de Notre-Dame de Paris, lequel représente un taureau et trois grues. Gaël-éc., *tarbh* (prononcez *tarv*). Gallois, *tarw*. Breton, *taró*. — Gaël-éc., *Gorran*. Gallois, *garan*. Breton, *garan*.

(3) Galerita, gallicè *alauda* dicitur. (Sueton. in Jul. Cæs. Cap. 24.) En breton, *allouédé*, *alc'houéder* ou *allouéder*. En gallois, *alawadar* (l'oiseau de l'harmonie) ; *alaw-hédez* et *alaw-hed*, par contraction, *alawd* (l'harmonie ailée.)

(4) *Sinus* SARonicus, id est, sinus quercuum. (Pline. Lib. IV. C. 5.) Gallois, *derw*. Breton, *derv* et *déró*, en constr. *zeró*. Gaël-irland. *daire* (pron. *dèreu*). Gaël-écoss., *dair* (pron. *dèr*).

(5) Betula, gallica hæc arbor. (Pline. Lib. XVI. C. 30.) Gaël-écoss., *beithe* (pron. *bézeu*). Gallois, *bédw*. Breton, *bézó*.

(6) Alnus, vulgò vern. (Manuscripta ad Alexandrum iatrosophistam. L. I.)*Penn-gwern*, sonat caput alneti. (Cambriæ descriptio. Lib. I. C. 10.) Gaël-écossais, *fearn* (pron. *vern*). Gallois, *gwern*. Breton, *gwern*, en construction, *wern*.

(7) Ratis. (Marcellus burdigalensis. C. 25.) Gaël-écoss. *raithne* (pron. *redn*). Gallois, *rheden*. Breton, *raden*.

(8) Pempedula. (Dioscoride et Apulée.) Gall. *pumpdail* (pron. *pempdeil*). Breton, *pempdélien*.

(9) Sparus gallicus. Gaël-écoss., *sparr*. Breton, *sparr*. Gallois, *espar*.

(10) Cateia, jaculum fervefactum, clava ambusta. (Cæs. Lib. V. C. 43. Ammian. Marcell. C. 31.) Gallois, *katai*. Breton, *kad*, combat. Gaël-écoss., *kat*, bataille.

(11) *Mataris*. En gaël-écoss., *matak* (pron.

matarc'h). En gallois, *mât-tarc'h*. En breton, *mât-tarc'h*, m. à m. *fort-frappe*.

(12) Plutarque, cité par Leibnitz. Miscellan. p. 157. De *tri*, trois, et de *penn*, en construction, *fenn*, tête. Gaël-écoss., *tri*. Gallois, *tri*. Bréton, *tri*. Gallois, *penn*. Breton, *penn*. Gaël-écoss., *kenn*, avec le changem. ordinaire du *p* breton en *k* gaël.

(13) Vita sancti Engendi. (Surius.) Gaël-écoss., *iarun*, Gallois, *haiharn*. Bret., *houarn*. (L'*h* celtique se changeait en *s*, en latin. Ainsi *halen*, sel, devenait *sal*; *halek*, saule, *salix*, etc.

(14) Taxea. Isidor. Origines. L. X. C. 1. Breton, *tach*. Gaël-irl., *taich*.

(15) Petorritum. (Festus, de verb. significatione, p. 83.) Breton, *péder* (quatre). Gall., *pédair*. Gaël-écoss., *roth* (roue). Breton, *rod*. Gallois, *rhod*.

(16) Beccum. (Sueton. vit. Vitel. C. 18.) Gaël-écoss., *beig*. Breton, *beg*. Gallois, *pig*.

(17) Pline. Lib. XVIII. Breton, *gwiméled*. Gaël-écoss., *gimleid*.

(18) Sulpice-Sévère. (Dialog. 11.) Gallois, *trébéz*. Breton, *trébéz*.

(19) Chrotta britanna. (Fortunat. Lib. VIII. Carm. 8.) Gaël-écoss., *kruit* (pron. *c'hrouit*). Gallois, *krouz* (en constr., *c'hrouz*.)

(20) Pline. Lib. XVIII. Breton, *bresk*. Gallois, *bresg*. Gaël-irland., *briosg* (pron. *breusk*.)

(21) Pline (ibid.) Breton, *brâz*. Gallois, *bras*. Gaël-écoss., *bracha*. Gaël-irl., *brach*.

(22) Cervisia. (Id. Lib. XXII. C. 15.) Gallois, *kourv*. Bret. mod., *kufr*. Bret. anc., *koref*.

(23) Σιϛτον. (Possidonius. ap. Athenæum, L. IV. C. 13.) Breton, *sist*. Gallois, *sudd* (pronon. *sizh*). Gaël-écoss., *sudh* (pronon. *siz*).

(24) Tàm laxa est quàm bracca Britonis. (Martial.) Laxis *braccis* (Lucain. L. 1). Breton, *brag*, *bragez*, *bragou*. Gallois, *brekan*.

(25) Sagum, gallicum nomen. Isidori Origines. L. XIX. C. 24. Σαγοι. Diodor. sicul. L. V. p. 307. Breton, *saé*. Gallois, *saé*.

manteau (1) ; les couleurs dont ils se peignaient le corps et particulièrement le *gláz* ou la couleur bleue (2) ; tout ce qui entrait dans la construction de leurs demeures : *kraeg* ; les pierres (3) ; *didoron*, les tuiles longues de *deux palmes* (4) ; *barrenn*, le verrou qui fermait la porte de leurs
maisons, et *argel*, l'habitation elle-même (5) ; les principaux membres
ou les organes du corps : *penn*, la tête (6) ; *bek*, la bouche (7) ; *doron* ou
dorn, la main (8) ; *garr*, la jambe (9) ; les différents offices de l'homme
dans la société, depuis l'*éporédia* ou dresseur de poulains (10) et la *tri-
marc'hésia* ou triple cavalerie (11), jusqu'aux ministres du sanctuaire :
Barz, le barde ou chanteur du temple (12) ; *drouiz*, le prêtre ou homme
du chêne (13), aussi appelé *bélek*, nom qui se rattachait à celui du dieu
Bel, dont il était le ministre, et qui, par un phénomène assez étrange,
est encore celui des prêtres chrétiens, chez les nations celtiques (14) ;
enfin, les dénominations particulières de la divinité elle-même : *taraniz*,
le tonnerre ; *kernunos*, le cornu ; *grianuz*, le brûlant ; *eûzuz*, l'effroyable,
et *Diw*, Dieu, son nom général (15).

Voilà plus de preuves qu'il n'en faut, je pense, pour soutenir ma
thèse ; j'en pourrais produire beaucoup d'autres ; celle, par exemple,
si décisive des nombres, désignés autrefois de même qu'aujourd'hui : *div* ou
diou, f., deux ; *trí*, m., trois ; *pétor* ou *péder*, f., quatre ; *pemp*, cinq (16), etc.
Mais je ne puis résister au désir de citer la suivante, aussi curieuse qu'historique. « César combattant en Gaules, dit Servius, fut enlevé par l'ennemi.
Comme celui-ci l'emportait tout armé sur son cheval, arriva un autre Gaulois

(1) *Linnæ*, saga quadra. (Isidor. Origines.
L. XIX. C. 23.) *Laena*. (Varron. L. IV.)Λαινα.
(Strabon. L. IV. p. 196.) Breton, *lenn*. Gal-
lois, *len*. Gaël-écoss., *lein*.

(2) *Glastum*. (Pline. De vocabul. gall. C. 1.)
Breton, *gláz*. Gallois, *glas*. Gaël-écos., *glas*.

(3) Lapideus. Λιθωδες. (P. Mela. T. 11, et
Strabon. L. IV. p. 182.) Gaël-écoss., *kraeg*.
Gallois, *kraïg* et *karreg*. Breton, *karreg*.

(4) Tegulæ apud gallos *didoron*, dictæ à
longitudine *duarum* palmarum. (Pline. De vocab. gall. Lib. 14.)Breton, *daou* et *div* (deux).
Gallois, *dau* et *dwî*. Gaël-éc., *da* et *do*. Breton,
dorn(main, palme).Gallois,*dwrn*.Gaël-éc.,*dorn*.

(5)Festus.Breton,*barzennen* et *barennen*.Gal-
lois,*baren*.Gaël-éc.,*baran*.-Εφορος φησιν αυτους
εν καταγειοις οικιαις οικειν ας καλουσιν Αργιλλας.
(Strabon. L. V.) En breton, *kel*, et avec l'article, *ar-gel*. Pl., *ar-gili*. Gallois, *er-gel*. Gaël-
éc., *an-gil*.

(6) Vide suprà, p. vij. Note 12.
(7) Vide suprà, p. vij. Note 16.
(8) Vide suprà. Note 4.
(9) Perse. Satyre VI. Breton, *garr*. Gallois,
gar.

(10) Eporedia sic dicta ab eporedicis......
Galli eo nomine præstantes equorum domito-
res suâ linguâ appellant. (Pline. Lib. III.) En
breton, *ébeûl* et *ébol* (jeune cheval). Gallois,
ebawl. En breton, *rédia* (dompter). En gallois, *rhédia*.

(11) Pausanias. C. XIX. p. 844. Vide suprà,
p. vij. Note 1 et p. vij. Note 2.

(12) Bardus gallicè cantor appellatur. (Festus. Epit. Col. 258.) Gaël-éc., *bard*. Gallois,
bardd (pron. *barz*). Breton, *barz*.

(13)Δρυιδαι... Ξαρονιδαι. (Diodore de Sicile.
Mn de Clermont.11.ad marginem.)Gallois, *der-
wydd*(pron. *derouiz*).Breton,*drouiz*. Gaël-éc.,
druidh (pron. *drouiz*).

(14) Tu Bajocasis stirpe *Druidarum* satus,
BELENI sacratum ducis è templo genus, *et indè
vobis nomina*. (Auson. Profess. 4.) Breton, *bélek*. Pl. *béléien*. Gallois, *baélok*. Gaël-éc., *bai-
lék*.

(15) Taranis. (Lucain. Lib. III.) Gallois, *taran*. Breton, *taran*. Gaël-éc., *torunn*
pron. *taroun*.) — *Kernunos* (bas-relief de Notre-
Dame de Paris.) Gallois, *kernenus*. Breton,
kernek et *kornek*. Pl. *kernéien*. Gaël. *kairnen*.
— Apollini *griano*.(Edimb.Inscrip. Irish Acad.
T. XIV. p. 105.) Grianus... sol. (O'Connor,
Antiq. Hibern. T. 1. p. 24.) Gaël, *grian* et
grianach. Gallois, *greian* et *graenawl*. Breton,
grisiaz, et, par contraction, *griaz*.—Horrens...
feris altaribus hæsus. (Lucan.) Breton, *eûzuz*.
Gaël-éc., *aogaidh* (pron. *ogaiz*) et *eugaidh*.-Di-
vona, Celtarum linguâ fons addite DIVIS. (Au-
sone.) Gallois, *diw* (Dieu). Gaël, *dia*. Gallois,
avon, et, par contract., *on*. Breton, *avon* et
on (eau courante.)

(16) Vide suprà. Note 4. Et p. vij. Notes
12, 16 et 8.

qui, le reconnaissant, s'écria, avec un geste de mépris : *Cecos Cæsar*, ce qui, dans la langue des Gaulois, signifie : *lâchez César*, et effectivement il fut relâché. C'est César lui-même qui raconte cette anecdote dans ses Ephémérides, en s'applaudissant de son bonheur (1). » Vraie ou fausse, elle prouve qu'au témoignage des Romains, le mot *cecos* signifiait *lâchez*, en langue gauloise. Hé bien ! il a la même signification en gaël d'Irlande et d'Ecosse et en breton-gallois (2).

Si, après avoir cherché et retrouvé, dans ces différents dialectes, les mots cités comme celtiques par les écrivains anciens, et interprétés par eux de la manière qu'ils le sont encore, nous dressons la liste des anciens noms de lieux, de peuples, et d'individus que l'histoire ou la géographie de la Gaule ou de l'île de Bretagne nous ont transmis, essayant de les interpréter nous-même, cette étude nous donnera un résultat semblable : ils présentent en effet pour la plupart, des radicaux communs aux quatre dialectes celtiques modernes. Une pareille appréciation a ses dangers, je le sais : nous n'avons plus l'histoire pour guide, comme tout à l'heure ; nous quittons un terrain solide pour entrer dans le champ mouvant des conjectures, et les extravagances des érudits qui nous ont précédé, ont singulièrement discrédité l'instrument dont nous devons faire usage; ce sera pour nous une raison de nous en servir avec la plus grande prudence, et de ne produire que des inductions incontestables. Les moins douteuses, ce me semble, peuvent être tirées de tous les noms anciens où l'on rencontre les racines, *dun* et *bré*, montagne ; *penn*, pic, sommet, éminence ; *komb*, vallée ; *glenn*, vallon ; *mag*, plaine ; *luc'h* ou *louc'h*, marais ; *man* et *men*, pierres ; *kraeg*, roche ; *kar*, ville ; *dour*, eau ; *lenn*, lac ; *aven*, *aon*, *an* ou *ón*, rivière ; *mór*, mer, qui appartiennent, plus ou moins modifiées, aux quatre dialectes celtiques. Tels sont *Uxellodunum*, la haute montagne (3) ; *Brannodunum*, la montagne des corbeaux (4) ; *Camulodunum*, le mont de Camulus ou de Mars ; *Moridunum*, le mont de la mer (5), d'où les dunes, Verdun, Issoudun et Dun-le-Palleteau ; *Bremenium*, la montagne des pierres (6) ; *Alpes-Penninæ*, les blancs sommets (7), d'où Penne (Aveyron, Lot, Lot-et-Garonne et Tarn) ; *Cambonum*, la vallée de l'eau (8), d'où Cambon (Loire-Inférieure, Aveyron et Tarn) et Comps (Ille-et-Vilaine, Seine-et-Marne, Allier, Ardèche, Creuse, Drôme, Gard et Gironde) ; *Glenum*, le vallon (9),

(1) Caius Julius Cæsar cùm dimicaret in Galliâ, et ab hoste raptus, equo ejus portaretur armatus, occurrit quidam ex hostibus, qui eum nosset, et insultans ait, *cecos* Cæsar, quod in lingua Gallorum *dimitte* significat; et itâ factum est ut dimitteretur. Hoc autem dicit ipse Cæsar in Ephemeride sua ubi propriam commemorat felicitatem. (Servius. Æneid. L. XI. C. 8.)

(2) Gaël-irlandais, *sgaoidh* (pron. *sekoz*.) Gaël-écoss., *sgaidh* (pron. *sekas*). Gallois, *ysgog* (pron. *esgog*, et, par contract., *'sgog*.)

(3) Gallois, *Uc'hel*. Breton, *Uc'hel*. Gaël-éc., *Uasel*. Gallois, *Dun* et *Din*. Breton, *Tuchen* et *Duchen* (par contraction, *dun*). Gaël-éc., *Tom*.

(4) Gaël-écos., *bran*. Gallois, *bran*. Breton, *bran*. Pl. *brini*, autrefois *brano*.

(5) Gallois, *mór*. Breton, *mór*. Gaël-irl., *mouir*. Philemon *Morimarusam* à Cimbris vocari, hoc est, *mortuum mare*. (Plinc. Liv. IV. C. 13.)

(6) Gaël-écoss., *brig*. Gallois, *brig*. Breton ancien, *bré*. Gaël-écos., *mein*. Gallois, *maen*. Pl. *meini*. Breton, *mean*. Pl. *mein*.

(7) Gaël-irl. et éc., *Alp*. Gallois, *Alp*. Gallois, *Penn*. Breton, *Penn*.

(8) Gaël, *Kamb* et *Kom*. Gallois, *Koum*. Breton, *Komb*. Pour on, Vid. sup. p. viij. Note 15.

(9) Gaël, *Gléan*. Gallois, *Glén*. Breton, *Glén*.

d'où la Glène (Aveyron), Glenan (Finistère), Glenac (Morbihan et Cantal), Glenic (Creuse), Glenet (Deux-Sèvres), Glenus (Aisne), Glenous (Vienne), Gleni (Corrèze), et plusieurs autres localités soit de France, soit d'Angleterre.

Tels sont encore *Carentomagum*, la plaine des amis (1); *Lutetia* ou *Lucotetia*, la bourgade du marais ou des marais (2); *Mangunium*, la pierre polie (3); *Alpes-graiae*, les roches blanches (4); *Carilocus*, la ville au coq (5); *Carpentorax*, la ville aux maisons entassées (6). Tels encore la rade d'*Aliocannus*, ou au sable de couleur blanche (7); *Durovernum* et *Vernodubrum*, l'eau des aulnes (8); *Lendunum*, le lac profond (9); *Avenio*, les eaux (10); *Redanus* ou *Rodanus*, l'eau courante ou l'eau rapide (11); *Garunna*, l'eau impétueuse (12); *Morbihum* (pour Morbihan), petite mer ou *mare conclusum*, ancien nom d'un golfe de l'île de Bretagne, d'où celui d'un de nos départements de France; *Moricambus*, vallée de la mer (13).

Ces mots et tous ceux qui ont les mêmes racines se décomposent et s'expliquent naturellement et sans effort à l'aide des dialectes celtiques vivants.

Il en est de même des noms de peuples ou d'individus soit de l'île de Bretagne, soit du continent gaulois: ceux des *Gangani* ou (hommes) *tout blancs*, plus tard appelés Venètes, les blancs (14); des *Armorici* ou *Arvorici*, les hommes de mer (15); des *Brigantes* ou montagnards (16), dont le nom était commun aux habitants de l'Ecosse et à ceux de *Brigantium*, en Gaule; des *Caleti* ou hommes durs, aussi nommés *Ancaleti* (17); des *Catieuchlani* ou guerriers illustres (18); des *Edui* ou possesseurs de blé; des *Segalauni* ou mangeurs de seigle (19). Tous ces noms ne sont-ils pas de purs mots celtiques intraduisibles par toute autre langue; comme encore les noms de *Caractacus*, le guerrier aimable (20); *Carvilius*, l'ami

(1) Gallois, *kâr*. Pl. *kereñt*. Breton, *kâr*. Pl. *kéreñt*, autrefois *kareñt*. Gaël-éc., *kared*. Gaël-irl., *magh*. Gallois, *maes*. Breton, *méaz*.

(2) Gallois, *luc'h* (marais). Breton, *louc'h*. Pl. *louc'ho*. Gaël-éc., *loc'h*. Gaël-irl., *taigh*. Gallois, *teiaez*. Breton, *tiez* (réunion de maisons).

(3) Gaël-éc., *man*. (Vid. sup., p. ix. Note 6.) Breton, *kun* et *gun*. Gaël-éc., *kaoin* et *gaoin* (pron. *geûn*.)

(4) Gaël, *alp*. (Vid. sup., p. ix. Note 7.) Gaël, *kraeg*. (Vid. sup., p. viij. Note 3.)

(5) Gallois, *kar* et *kaer*. Breton, *kéar* et *ker*, autrefois *kar*. Gaël, *kathair* (pronon. *kazer*, par contract., *kaher* et *kaer*). Breton, *kilok* (en construct., *hilok*). Gallois, *keiliog* (en constr., *heilok*). Gaël, *koileach* (pron. *koilek*, en const., *hoilek*).

(6) Gallois, *pentyrawg* (pronon. *pentorag*).

(7) Αλιοχανος λιμην, Breton, *a*. Gallois, *a*, Gaël, *a* (de). Gallois, *liw*. Breton, *liou* et *lio* (couleur). Gallois, *kann*. Bret., *kann* (b'anche).

(8) Gallois *dwvr* ou *dour*. Breton, *dour*. Gaël-irl., *dovar*. Gaël-éc., *fearn* ou *vern*. Gallois, *gwern* et *wern*. Breton, *gwern* et *wern* Pl. *werno*.

(9) Gallois, *lenn*. Breton, *lenn*. Gallois, *dyvn* ou *dovn*. Breton, *doun*.

(10) Gaël-irl. et écossais, *abhen* (pron. *aven*). Gallois, *aven*. Breton, *aven*. Pl. *avénio*.

(11) Gallois, *rhed* (qui court). Breton, *réd*. Gaël-éc., *ruith*. Gaël, *aven* ou *an*. (Vid. supr.)

(12) Gaël-éc., *garv*. Breton, *garv*. Gallois, *garw*.

(13) Gallois, *bic'han*. Breton, *bihan*. Gaël-écos., *béac'h*. (Vid. *mór* et *kamb*, supr.)

(14) Gallois, *gann-gann*. Breton, *gwenn-kann*.

(15) Pline, hist. L. IV. C. 17. Breton, *ar*. Gallois, *er*. Gaël, *an*. Breton, *mórek* (avec l'article *vórek*.) Gallois, *vorog*. Gaël, *vouireg*.

(16) Gallois, *brigant* (de *brig*, montagne, vid. supr., p. ix. Note 6). Gaël-éc., *brigant*.

(17) Gallois, *kalet*. Breton, *kalet*. Gaël-éc., *kaladh* et *kalaidh*. Gaël, *an* (les). Breton, *ann*.

(18) Gallois, *kadwyr* (pron. *kadouer*). Breton, *kad*. Pl. *kadiou* ou *kadieu*. Gaël-éc., *kataich*. Gallois, *glán* (en constr., *c'hlán*). Breton, *glán* et *c'hlán*. Gaël-éc., *glán* et *c'hlán*.

(19) Breton *éduz*. Gallois, *édog*. Breton, *segal*. Gaël-éc., *seagal*. Gallois, *lawn* (pleins). Gaël-éc, *lan*. Breton, *leûn*.

(20) Gallois, *karadawk* ou *karadok*. Breton, *karadek*.

du pouvoir (1) ; *Casuallonus*, le chef tout plein de haine (2) ; *Mandubratius*, l'homme de la noire trahison (3), et l'on sait effectivement que le chef de ce nom trahit ses compatriotes dans une circonstance mémorable, en passant à l'ennemi. *Galgacus*, le bègue (4) ; *Brittomarus*, le grand breton (5) ; *Virdumarus*, le grand homme noir (6) ; *Cotius*, le vieux (7) ; *Louernius*, le renard (8) ; *Bathanat*, le fils du sanglier (9) ; *Brennus*, enfin, le chef, le prince, le roi (10), et mille autres que je pourrais citer, s'il n'était périlleux de se livrer sans réserve à des noms propres dont plusieurs, en passant dans les langues étrangères, ont sans doute été altérés. Nous en pouvons juger par les altérations que subissent, dans les rapports de nos généraux d'Afrique, les nomenclatures arabes.

Maintenant, en étudiant la manière dont sont composés les mots gaulois que nous venons de citer, on verra qu'elle est commune aux quatre dialectes celtiques modernes. Ce fait est d'une grande importance : retrouver dans un de ces dialectes seulement plusieurs des mots en question, de ces mots qu'on n'emprunte pas et qui constituent le corps des langues, serait remarquable à coup sûr ; qu'est-ce donc quand nous les retrouvons dans deux, dans trois et souvent dans les quatre à la fois ? qu'est-ce surtout quand les expressions reconnues comme appartenant à l'ancienne langue celtique, offrent une organisation grammaticale qu'on dirait résulter des lois de la langue celtique moderne ? Ne s'ensuit-il pas que la mère et la fille n'ont qu'une grammaire générale, comme elles n'ont toutes deux, quant au fond, qu'un seul vocabulaire ? On ne nous demandera pas sans doute de reconstituer cette grammaire générale à l'aide des débris parvenus jusqu'à nous ; on le sent, ils sont insuffisants : nous devons seulement indiquer les éléments grammaticaux qu'ils contiennent, et montrer qu'ils existent encore dans les langues bretonne et gaële. Le premier que j'en vois sortir est le caractère qui sert à distinguer l'individu ou l'espèce, c'est-à-dire, l'article défini ; il y existe sous ses deux principales formes modernes, *ann* et *ar*, communes au breton d'Armorique et à la langue gaële (11). Voici ensuite la terminaison *io*, *o* ou *au*, selon qu'on l'écrit suivant les Bretons de Galles ou les Bretons de France, qui marque communément le pluriel dans la déclinaison celtique actuelle la plus ordinaire (12) ; et puis les prépositions *os* ou *euz*

---

(1) Gallois, *kar*. Breton, *kár*. Gaël-éc., *kar*. Gallois, *bili* (en constr., *vili*). Breton, *béli* (en constr., *véli*).

(2) Gallois, *kas*. Bret., *kas*. Gaël-éc., *kas*. Breton, *gwall* ou *wall*. Gallois, *wall*. Gall. *lawn*. (Vid. supr., p. x. Note 19.)

(3) Gallois, *man*. Bret., *man*. Gaël-éc., *mana*. Gallois, *dú*. Breton, *dú*. Gaël, *duv*. Gallois, *brat*. Breton ancien, *brat*. Gaël, *brath*.

(4) Gallois, *gwall*. (Vid. supr.) Breton, *gak*. Gaël-écos., *gagag*. (En gallois, *gwallawg* ou *gwall-c'hag*.)

(5) Gallois, *brython*. Armoricain, *bréton*. Gaël-irl., *breathuin* (pr. *bretoun*). Gaël-irl., *mar*. Gallois, *mawr* ou *mor*. Breton, *meur*.

(6) Gaël-irl., *fear* (pron. *ver*). Gallois, *wr*.

Bret. *gour* (en constr., *our*). Gallois, *du*. (Vid. supr. Note 3.) Gallois, *mawr*. (Vid. supr. *ibid*.)

(7) Breton moderne, *kôz* et *kot*. Breton ancien, *kot* et *koth* (pron. *kôz*).

(8) Breton, *louarn*. Gallois, *louern* et *lern*.

(9) Gallois, *baeth*. Breton ancien, *baedh*. Gallois, *anet* (engendré). Breton anc., *ganat*. Breton moderne, *ganet* (en constr., *c'hanet* ou *hanet*). Gaël-irl., *gineal* (en const., *hinéal*).

(10) Breton, *brenn*. Gallois, *brennin*. Gaël-irl., *brian*.

(11) Vid. supr. *An-kaleti*, p. x. Note 17. *Ar-vorici*, p. x. Note 15.

(12) Vid. sup. *Avenio*, p. x. Note 10. *Lucotetia*, p. x. Note 3. *Verno-dubrum*, p. x. Note 8.

o ou *oc'h*, signes caractéristiques du génitif singulier (1). J'y remarque encore plusieurs prépositions et adverbes très en usage, tels que *gwall* ou *wall*, grandement (2); *ató* ou *atu*, toujours (3); *mát*, bien, etc. (4). J'y trouve la preuve que le genre de la plupart des mots celtiques n'a pas changé (5). Je constate aussi entre autres règles actuelles pour les substantifs, celle qui les place au singulier après les noms de nombre cardinaux (6). Je note enfin plusieurs temps et personnes des verbes d'aujourd'hui : *tarc'h*, il frappe; *réd*, il court; *cecos*, lâchez; *hanat* ou *ganet*, engendré; le présent, l'impératif, le passé (7). Mais ce qui me paraît surtout remarquable, c'est l'observation d'une loi fondamentale de la langue celtique *parlée*, qui veut la permutation de certaines consonnes d'après certaines règles. Cette loi est si importante, que sa violation entraînerait le bouleversement de la grammaire, comme la fidélité à la suivre maintient la syntaxe celtique; elle n'a pas, en effet, uniquement pour but de flatter l'ouïe par des sons harmonieux, elle est faite pour indiquer les genres, le rapport des mots entre eux, et former les liens du discours. L'exemple suivant que je donne pour les personnes peu familiarisées avec les langues dont je parle, permettra de l'apprécier. Si le mot français *pied* appartenait à ces langues, sa lettre initiale *p*, en vertu des règles de permutation, devrait se changer en douce pour le masculin et en forte pour le féminin, ou autrement en *b*, dans le cas où il s'agirait du *pied* d'un *homme*, et en *f*, de celui d'une femme, de sorte qu'on dirait, pour le masculin, son *bied*, et, pour le féminin, son *fied*; en supposant encore que les mots *mère* et *bénie* fussent bretons ou gaëls, on dirait une *mère vénie* : le changement du *b* en *v* indiquerait seul le rapport de l'adjectif et du nom. Ainsi des autres consonnes muables, dont on peut voir le tableau dans toutes les grammaires celtiques modernes.

Qu'on juge de l'importance des règles qui gouvernent ces consonnes et de l'obscurité que leur violation jetterait sur le sens du discours! Hé bien, comme je viens de le dire, les débris conservés de l'ancienne langue celtique, nous les montrent aussi scrupuleusement observées qu'aujourd'hui : ils nous offrent les mêmes permutations de consonnes faites en vertu des mêmes lois; et, pour n'en citer que quelques-unes, les changements de B en V (8), de K ou du C dur en G et en C'H (χ) (9), de G en H ou en C'H (10), de GW en W (11), de M en V (12), de P en F (13), etc. Y

---

(1) Vid. supr. *Tarv-os-tri-garanus*, p. vij. Note 2. *Dur-o-vernum*. Note 8.

(2) Vid. supr. *Cas-ᴜᴀʟ-lon-us* ou *casivellaunus*. En gallois, *kas-ᴡᴀʟ-lawn*, v. p. xj. Gᴀʟɢacus. En gallois, ɢᴡᴀʟʟawg, p. xj.

(3) *Marti-Bel-ᴀᴛᴜ-cadr-o*(Inscript.connue). A Mars-Bel-ᴛᴏᴜᴊᴏᴜʀs-guerrier. Breton, *ataü* ou *ató*. Gallois, *éto* et *étua*. Gallois, *kadour* et *kadr*. Breton, *kadarn*. Gaël-éc., *kathac'h*.

(4) Gallois, *mát*. Bret., *mdd*. Gaël-éc., *mait*.

(5) Vid. supr. p. vij. *Trifenn*, *petorrod* ou *pederrot*. Notes 12 et 13.

(6) *Ibidem*.

(7) *Mát-tarc'h*, frappe-bien, v. p. vij. *Réd-on*, eau (qui) court, p. x. *Cecos*, lâchez, p.

ix. *Baet-hanat*, engendré du sanglier, p. xj.

(8) *Kar-vilius* (*kar-vili* pour *kar-ʙɪʟɪ*). Vid. p. xj.

(9) *Ar-gel* pour *ar-ᴋel*, p. vij. *Man-gun* pour *man-ᴋun*, p. x. *Alpes-graiae* (*alp-ɢraigau*) pour *alp-ᴋraigau*, p. x. *Karilocus* (*Kar-c'hilok*), au lieu de *kar-kilok*, p. x.

(10) *Baet-ʜanat* ou *baet-c'hanat*, pour *baet-ɢanat*, p. xj.

(11) *Dur-o-vernum*. *Dour-o-wernou* pour *dur-o-gwernou*, p. x. *Casuallonus* pour *kas-ɢwallonus*, p. xj.

(12) Αρϐορικοι (*Arvorici*) pour *Armorici*, aussi usité du reste.

(13) *Trifenn* pour *triᴘenn*, p. vij.

a-t-il rien de semblable en aucune autre langue de l'Europe, et peut-on trouver entre des idiomes un lien de parenté plus étroit et plus fort?

La comparaison des grammaires et des vocabulaires bretons et gaëls, en fait découvrir de nouveaux, et achève la démonstration : il est bien évident que toutes les expressions, que toutes les formes grammaticales communes au gaël-irlandais ou écossais, et au breton de Galles ou d'Armorique, appartiennent à l'ancienne langue celtique, et, qu'en réunissant leurs traits communs, on retrouvera ce qui faisait le fond de cette langue.

Quand j'ouvre les vocabulaires bretons et gaëls, je suis étonné du grand nombre d'expressions semblables employées par eux, pour reproduire l'ordre de la création : ils s'accordent d'une manière remarquable dans les noms qu'ils donnent au ciel, au soleil, à la terre, aux productions du sol, à l'air, au jour, à la nuit, aux oiseaux, aux animaux terrestres et aux poissons des mers (1). Les différentes parties de la durée ne sont pas désignées d'une façon moins identique ; chacune de ses divisions, le moment fugitif, l'heure, le jour, la semaine, le mois, l'année, le siècle, l'âge, enfin le temps en général a son expression particulière, la même dans les quatre dialectes celtiques (2).

Ils représentent aussi l'ordre de la société, avec les mêmes termes ; et l'identité de ces termes, pour le dire en passant, ne prouve pas seulement l'analogie du langage des nations celtiques ; elle prouve de plus celle de leur civilisation, car le vocabulaire d'une langue donne une idée parfaitement exacte de ce que possèdent en ce genre les peuples qui parlent cette langue, et de tout ce qui leur manque. S'ils ont le mot, c'est qu'ils ont la chose signifiée, et l'absence de l'un constate celle de l'autre. Parmi les éléments sociaux révélés par la langue celtique, je distingue très-clairement l'état des personnes, les liens de famille, les degrés de parenté, la constitution de la nation ; les idées de territoire et de propriété ; les notions de droit, de justice, de loi, de jugement, en un mot de tout ce qui appartient à la magistrature (3).

---

(1) LE CIEL. Gaël-écos., *néam.* Gallois, *nev.* Breton, *nev, neñv* et *néañ.*

LE SOLEIL. Gaël, *soillse* (pron. *hoïlh*). Gallois, *hëül.* Breton, *héol.*

LA TERRE. Gaël, *tir.* Gallois, *tir.* Breton, *tir.*

LES FORÊTS. Gaël, *koilt.* Gallois, *koet.* Breton, *koet,* ancienn. *koit.*

L'AIR. Gaël, *adhar* (pron. *aer*). Gallois, *awer.* Breton, *éar* et *er.*

LA NUIT. Gaël, *nochd.* Gallois, *nos.* Breton, *nôz.*

L'OISEAU. Gaël, *eun.* Breton ancien, *evn.* Breton moderne, *eun.*

LE CHIEN. Gaël, *ku* (pron. *ki*). Gallois, *ki.* Breton, *ki.*

LE PORC. Gaël, *torc'h.* Gallois, *tourc'h.* Breton, *tourc'h* et *torc'h.*

LA VACHE. Gaël, *boueac'h.* Gallois, *buc'h.* Breton, *beuc'h* et *bioc'h.*

LE POISSON. Gaël, *iesk.* Gallois, *pesk.* Breton, *pesk.*

(2) L'INSTANT. Gaël-écos., *prib.* Gallois, *preid.* Breton, *préd.*

L'HEURE. Gaël, *uair.* Gallois, *awr.* Breton, *heur.*

LE JOUR. Gaël, *diugh.* Gallois, *deiz* et *di.* Breton, *di, dé* et *deiz.*

LA SEMAINE. Gaël, *seachduin* (pron. *sèzun*). Gall., *saith-hun* (pron. *seiz-hun*). Bret., *sizun.*

LE MOIS. Gaël, *mios* (pron. *mis*). Gallois, *mis.* Breton, *miz.*

L'ANNÉE. Gaël, *bliadhna* (pron. *bliazna*) et *blien.* Gallois, *blynedd* (pron. *blenez*). Breton, *blizen, bloaz, blé* et *bloavez.*

LE SIÈCLE. Gaël, *ket-bliadhna* ou *blien.* Gallois, *kañt blynedd.* Breton, *kañt-blizen* et *kañt-bloaz.*

L'ÂGE. Gaël, *aois.* Gallois, *oedd* (pron. *oez*). Breton, *oed* et *oad.*

LE TEMPS. Gaël, *aimsir.* Gallois, *amser.* Breton, *amzer.*

(3) L'HOMME LIBRE. Gaël, *fear* (pron. *ver*). Gallois, *wr.* Breton, *gour,* et *our* (en constr.)

Cette observation s'applique à la nomenclature des choses invisibles ; chacun des rameaux de la race celtique a fait le même effort pour exprimer la nature de l'âme, pour rendre les sentiments dont elle est agitée, ou les opérations qu'elle produit, et ses actes essentiels sont désignés par des mots communs à la race entière (1).

Enfin, leur rappprochement fait ressortir l'identité des racines gaëles et bretonnes des verbes les plus usuels, comme les auxiliaires, et ceux qui expriment l'idée de génération, de naissance, de vie, de mort, de vue, d'ouïe, de langage, de chant, de goût (2).

La comparaison achève d'être concluante, quand on arrive aux formes grammaticales, dont je n'ai pu toucher qu'un mot précédemment, et dont je vais achever de montrer l'analogie, à l'aide des grammaires gaëles et bretonnes. Je n'ai pourtant pas le loisir de les passer toutes en revue, ni de revenir sur celles que j'ai examinées en courant, quoique je dusse trouver de nouvelles lumières dans un examen plus approfondi d'un grand nombre d'entre elles, par exemple, des prépositions suppléant aux différents cas obliques des déclinaisons (3), ou indiquant la direction (4), les rapports de position (5), de concomitance,

---

L'ESCLAVE OU SERF. Gaël-écos., *trailleil.* Gallois, *trailliad.* Breton, *truḷek.*

LE PÈRE DE FAMILLE. Gaël, *athair* et *t-athair* (pron. *tâd-er*). Gallois, *tâd.* Breton, *tâd.*

LA MÈRE. Gaël, *mouim* (pr. *moumm*). Gallois, *mamm.* Breton, *mamm.*

LE FILS. Gaël, *mak* (*k* pour *p.* Voy. p. 2). Gallois, *mâb.* Breton, *mâp.*

LE FRÈRE. Gaël, *brathair* (pron. *brazer*). Gallois, *brawdder* (pr. *brozer*). Breton, *breùr,* anc. *breuzr.* Pl. *breudeür.*

LE COUSIN OU PARENT. Gaël, *kintear* (pron. *keñter.* Gall., *kefnder.* Bret., *keñderv* et *keñder.*

LA NATION OU LE PEUPLE. Gaël, *komunn.* Gallois, *komdeiz.* Breton, *komunn.*

LE PAYS. Gaël, *bru* (pron. *brou.*) Gallois, *brô.* Breton, *brô* et *brou.*

LE TERRITOIRE. Gaël, *tir.* Gallois, *tir.* Breton, *tir.*

LE PATRIMOINE. Gaël, *duthchais* (pron. *dizgès*). Gallois, *digwéz.* Breton, *digouéz.*

LE DROIT. Gaël, *fir* (pron. *vir*). Gallois, *gwir,* et *wir* (en constr.) Breton, *gwir* et *wir.*

LA JUSTICE. Gaël, *firentachd* (pron. *virentes*). Gallois, *wirionez.* Breton, *wirionez.*

LES LOIS. Gaël, *reuson* (pron. *reïzon*). Gallois, *reithiau* et *reisiou.* Breton, *reizou* et *reizió.*

LE JUGEMENT. Gaël, *bairn* et *bairneachd* (pron. *bernazh*). Gallois, *barn* et *barnédigaez.* Breton, *barn* et *barnédigez.*

(1) AME. Gaël-écos., *anam.* Gallois, *énaid.* Breton, *éné.*

PENSÉE. Gaël, *mein.* Gallois, *ménou.* Breton, *ménô.*

MÉMOIRE. Gaël, *kouimhn* (pron. *kounn*). Gallois, *kouff.* Breton, *koun.*

FORCE (d'âme, courage). Gaël-écos., *néart.* Gallois, *nerth* (pron. *nerz*). Breton, *nerz.*

CHAGRIN. Gaël, *pian.* Gallois, *poen.* Breton, *poan.*

DÉSIR. Gaël, *iarraidh* (pron. *irrez*). Gallois, *hirraeth* (pron. *hirraez*). Breton, *hirrez.*

(2) ENGENDRER. Gaël-écoss., *gineil.* Gallois, *kenedlu.* Breton, *génel.*

EXISTER. Gaël, *bith* (pron. *biz*). Gallois, *bezu.* Breton, *béza.*

MOURIR. Gaël, *marbhaid* (pron. *marvez*). Gallois, *marwi.* Breton, *mervel* (anc. *marvi*).

VOIR. Gaël, *seal* (pron. *sel*). Gallois, *sellu.* Breton, *sellout.*

ENTENDRE. Gaël, *klouin.* Gallois, *kléoued.* Breton, *klevet* et *kleout.*

PARLER. Gaël, *labhair* (pron. *lavèr*). Gallois, *llavaru.* Breton, *lavarout* et *lavar.*

CHANTER (les louanges). Gaël, *mol.* Gallois, *moli.* Breton, *meüli.*

GOÛTER. Gaël, *blais* (pron. *blèz*). Gallois, *blas.* Breton, *blaza.*

(3) GÉNITIF. Gaël, *as, a* et *o.* Gallois, *oz* et *o.* Breton, *ouz* et *a.*

DATIF. Gaël, *dë, do* et *ad.* Gallois, *ad* ou *'d.* Breton, *da* ou *d'.*

(4) PAR. Gaël, *tré.* Gallois, *troué.* Bret. *tré.*

DE. Gaël, *di.* Gallois, *dë.* Breton, *di.*

A. Gaël, *a.* Gallois, *a.* Breton, *a.*

(5) EN. Gaël, *ann* (pron. *enn*). Gallois, *yn* (pron. *enn*). Breton, *enn.*

SUR. Gaël, *ar.* Gallois, *ar.* Breton, *ar* et *war.*

AU-DESSOUS. Gaël, *ios* (pron. *is*). Gallois, *is.* Breton, *a-is* et *ias.*

etc. (1); je me bornerai, pour abréger, aux éléments grammaticaux les plus essentiels, à ceux du verbe. Comparer ces éléments entre eux dans les quatre dialectes, et résumer les lois communes suivant lesquelles ils se combinent, sera caractériser suffisamment la langue celtique dans sa grammaire, et en faire connaître la nature intime.

Si nous décomposons le verbe celtique des dialectes bretons et gaëls, nous y trouvons trois éléments fondamentaux : la *personne* qui agit, l'*action* qu'elle fait, et le *temps* où elle la fait. La racine même du verbe indique l'action; l'élément du temps est marqué par une certaine caractéristique que nous indiquerons tout à l'heure, laquelle varie avec lui ; celui de la personne est marqué par le pronom, tantôt faisant corps avec les éléments de l'action et du temps qu'il suit, tantôt séparé et distinct. Les verbes celtiques ont donc deux formes de conjugaison, l'une que les grammairiens bretons nomment *personnelle*, où les désinences seules indiquent la personne, l'autre qu'ils appellent *impersonnelle*, où le pronom n'est pas uni au verbe.

Etudions ces éléments divers. Les pronoms qui concernent la personne sont différents, selon qu'ils sont employés comme sujets des verbes ou *affixes* ; et comme régimes ou *suffixes;* dans le premier cas, leur caractéristique est pour la première personne du singulier *m*, pour la seconde *t*, pour la troisième *h ;* au pluriel, pour la première personne *n*, pour la seconde *c'h* (χ) et *v*, pour la troisième *nt* (2).

Quand le pronom personnel est employé comme régime direct ou suffixe, la caractéristique de la première personne au singulier est *v* (permutation régulière du radical *m*, conservé en gaël), rendu en gallois par un *v* ou un *f* (autrefois par un *m*), par deux *ff* en breton, anciennement, et aujourd'hui par un *n* redoublé, qui, dans plusieurs dialectes armoricains a un son nazal très-sourd qu'on prononce à peine. La caractéristique de la seconde personne est une consonne double d'un son particulier qu'on rend en gallois par le *th* anglais, en breton par *z* et en gaël par *r*. Celle de la troisième manque. Au pluriel, la première personne a pour caractéristique un *m*, la seconde un *t* ou un *h*, la troisième un *t* ou un *d*, sa correspondante dans l'ordre des mutes, précédé ou non d'un *n* nazal (3).

Au-delà. Gaël, *tré*. Gallois, *tra*. Breton, *tré*.

Avant. Gaël, *os ken*. Gallois, *ken*. Breton, *kent*.

Devant. Gaël, *ria* et *ra*. Gallois, *rag*. Breton, *raog*, *raz* et *ra*.

(1) Parmi. Gaël, *measg* (pron. *mesk*). Gallois, *mesk*. Breton, *mesk*.

(2) Je, moi. Gaël, *mi*. Gallois, *mi*. Breton, *mé* et *mi*.

Tu, toi. Gaël, *ti*. Gallois, *ti*. Breton, *té* et *ti*.

Il, lui. Gaël, *se* (*s* pour *h*) ou *hé* ou *ézan*. Gallois, *hé* ou *hev*. Breton, *hé* (anc. *heff*) et *hèn* et *ézhañ* ou *éhañ*.

Elle. Gaël, *hi* et *ixé*. Gallois, *hi* et *hixai*. Breton, *hi* et *ezhi* ou *éhi*.

Nous. Gaël, *sinn* et *sin-ni* (*s* pour *h*, d'où *hinn*). Gallois, *ni*, *nin-ni* et *hon*. Breton, *ni*, *nin* et *hon-ni* et *hun*.

Vous. Gaël, *siv* (*s* pour *h*, d'où '*hiv* ou *c'hiv*). Gallois, *c'hi* et *c'houi*. Breton, *c'houi* et *hui*.

Ils, elles. Gaël, *hiad* et *hiañt* (pron. *hioñt*). Gall., *houiñt*, *hiñt* et *hi*. Bret., *hi* et *iñt* ou *hiñt*.

(3) Voici le pronom, régime direct, combiné avec la racine d'un verbe :

Je brûle. Gaël-irl., *loisg*-aim (pron. *loskam*). Gall., *losk*-av (anc. *loskam*). Breton, *losk*-ann, autrefois *loskaff*.

Tu brûles. Gaël-irland., *loisg*-air (*air* pour *or*). Gallois, *losk*-eth (pron. *loskez*). Breton, *losk*-ez.

Il brûle. Gaël-irl., *loisg*... Gallois, *losk*... Breton, *losk*...

Nous brûlons. Gaël-irl., *loisg*-am (pronon.

On voit que l'élément de la personne change selon chacune d'elles ; il n'en est pas de même de celui de l'action, il demeure invariable pour tous les temps du verbe. C'est à ce caractère qu'on le reconnaît, et aussi, comme je l'ai dit, parce qu'il est la racine verbale, racine placée dans les verbes conjugués au personnel devant l'élément du temps et de la personne avec lesquels il fait corps, et dans les verbes conjugués à l'impersonnel, après ce dernier élément, dont il est parfaitement distinct (1).

Au rebours de l'élément de l'action, celui du temps varie à chacun des temps principaux, le présent, le futur, le passé.

Au présent, il n'est point exprimé ; au premier futur et au futur conditionnel, il a pour caractéristique un *f*, qui se place après la racine, immédiatement avant l'élément de la personne (2); au passé, sa caractéristique est *s* ou *z*, précédée de la voyelle *a*, *i* ou *ai* (l'*è* français ou l'*η* grec) (3). Des deux modes qui complètent les éléments essentiels de la conjugaison régulière, savoir, l'impératif et l'infinitif, le premier n'a besoin d'aucune observation : il est, comme le présent, composé de la racine simple, élément de l'action, et de l'élément de la personne qui manque toutefois à la première du singulier (4). Quant à l'infinitif, sa terminaison la plus usuelle est *at* ou *et* et *an*, qu'on ajoute à la racine du verbe ; l'élément de la personne, bien entendu, n'est pas indiqué (5); celui du temps, au présent, au futur et au passé, est marqué par des prépositions et particules qu'on place devant la racine du verbe, et qui sont à peu près les mêmes pour tous les dialectes celtiques (6).

Jusqu'ici, en traitant du rapport de l'action avec la personne, comme objet ou sujet, nous n'avons parlé que du rapport désigné par la voix active, dont l'élément n'a pas besoin d'être exprimé et ne l'est pas. Il l'est, au contraire, et doit l'être dans la voix passive, et a pour caractéristique

---

om). Gallois, *losk-*AM. Breton, *losk-*OM et *losk-*OMP.

VOUS BRÛLEZ. Gaël-irl., *loisg-*AIT. Gallois, *losk-*OUC'H. Breton, *losk-*IT et *losk-*OUC'H. (*V.* D. Le Pelletier. *Préface du Dict.*, p. 44.)

ILS BRÛLENT. Gaël-irl., *loisg-*IAD ou *losg-*IAÑT. Gallois, *losk-*AÑT. Breton, *losk-*OÑT.

(1) L'exemple précédent suffit pour les verbes au personnel, celui qui suit en servira pour ceux à l'impersonnel.

JE BRÛLE. Gaël-écos., *loisg mi*. Gallois, *mi (a) losk*. Breton, *mé (a) losk*.

TU BRÛLES. Gaël, *loisg ti*. Gallois, *ti (a) losk*. Breton, *té (a) losk*.

IL BRÛLE. Gaël, *loisg se* (s p. *h*). Gallois, *hev (a) losk*. Breton, *hén (a) losk*.

NOUS BRÛLONS. Gaël, *loisg sinn* (s p. *h*). Gallois, *ni (a) losk*. Breton, *ni (a) losk*.

VOUS BRÛLEZ. Gaël, *loisg siv* (s p. *h*). Gallois, *c'houi (a) losk*. Breton, *c'houi (a) losk*.

ILS BRÛLENT. Gaël, *loisg iañt*. Gallois, *hi* ou *houiñt (a) losk*. Breton, *hiñt* et *hi (a) losk*.

(2) JE BRÛLERAIS. Gaël-irl., *loisg-f-aim*. Gallois anc. et breton, *losk-f-em*. Bret., *losk-f-enn*.

TU BRÛLERAIS. Gaël, *loisg-f-air*. Gallois anc., *losk-f-ez*. Breton, *losk-f-ez*.

IL BRÛLERAIT. Gaël, *loisg-f-sé* (s p. *h*). Gall' anc. et bret.-corn., *losk-f-é*. Breton, *losk-f-é*

NOUS BRÛLERIONS. Gaël, *loisg-f-am*. Gallois anc., *losk-f-em*. Bret., *losk-f-emp*.

VOUS BRÛLERIEZ. Gaël, *loisg-f-ait*. Gallois ancien, *losk-f-ec'h*. Breton, *losk-f-ec'h* et *losk-f-et*.

ILS BRÛLERAIENT. Gaël, *loisg-f-aiñt*. Gallois anc., *losk-f-eñt*. Bret., *losk-f-eñt*.

(3) J'AI BRÛLÉ. Gaël, *loisg-*AS. Gallois, *losk-*AIS. Breton, *losk-*IZ et *losk-*AZ.

(4) BRÛLE. Gaël, *loisg*. Gallois, *losk*. Breton, *losk*.

(5) BRÛLER. Gaël, *loisgat*. Gallois, *loski*. Breton, *loski* ou *leski*, *loskañ* et *loskein*.

(6) BRÛLANT. Gaël, *do* (pr. *da*) *loisgat*. Gall., *i* et *enn loski*. Breton, *da*, *ó* et *enn* (eur) *loski*.

DEVANT BRÛLER. Gaël, *ar* (*zu*) *loisgat*. Gallois, *ar loski*. Breton anc., *ar* ou *war* (néz) *loski*.

AYANT BRÛLÉ. Gaël, *ar loisgat*. Gallois, *goudé loski*. Breton, *ar* (lerc'h) ou *goudé loski*.

ÉTÉ BRÛLÉ. Gaël, *loisgait* (pr. *loskèt*). Gallois, *losket*. Breton, *losket*.

er ou *ar*, et *ir*, qui, joints aux trois éléments constitutifs de l'actif, savoir, de l'action, du temps et de la personne, forment la voix qui nous occupe. Comme à l'actif, l'élément du temps, n'est pas indiqué au présent (1), au premier futur et au futur conditionnel, il a la même caractéristique, un *f* (2); au passé un *d* précédé de *ea* ou d'un *e* (3).

Mais cette forme n'est pas la seule de la conjugaison passive, le verbe peut aussi se conjuguer, entre autres manières, au moyen de l'auxiliaire *être*.

Il n'y a guère de conjugaison plus irrégulière que celle du verbe *être*; l'élément de l'action, désigné dans toutes les autres par une racine invariable, se transforme ici ou plutôt change tout à fait, si bien qu'il a plusieurs racines différentes. Les principales sont 1° *bez*, pour le présent, le futur, l'impératif et l'infinitif (4), qui, au passé, deviennent *bo* et *bi* (5); 2° *is* ou *ez*, *aza* ou *za* ou *zo*, *azu* ou *azo*, selon les

(1) Je suis brûlé. Gaël-irland., *loisg-ar mi.* Gallois, *loskir mé* ou *mé* (à) *loskir.* Breton, *mé a losker.*

Tu es brûlé. Gaël-irl., *loisg-ar ti.* Gallois, *loskir té* ou *té* (à) *loskir.* Breton, *té* (à) *losker.*

Il est brûlé. Gaël-irl., *loisg-ar hé.* Gallois, *loskir hev* ou *hev* (à) *loskir.* Breton, *hén* (à) *losker.*

Nous sommes brûlés. Gaël-irl., *loisg-ar sinn* (s p. h d'où *hinn*). Gallois, *loskir ni* ou *hon* (à) *loskir.* Breton, *ni* ou *hun a losker.*

Vous êtes brûlés. Gaël-irl., *loisg-ar siv* ou *hiv.* Gallois, *loskir c'houi* ou *c'houi* (à) *loskir.* Breton, *c'houi* (à) *losker.*

Ils sont brûlés. Gaël-irl., *loisg-ar iad* ou *aiñt.* Gallois, *loskir iñt* ou *houiñt* (à) *loskir.* Breton, *hi* ou *hiñt* (à) *losker.*

(2) Je serais brûlé. Gaël-irl., *loisg-f-ar mi.* Gallois anc., *mi* (à) *losk-f-ir.* Breton, *mé* (à) *losk-f-ed.*

Tu serais brûlé. Gaël-irl., *loisg-f-ar ti.* Gallois, *ti* (à) *losk-f-ir.* Breton, *té* (à) *losk-f-ed.*

Il serait brûlé. Gaël-irl., *loisk-f-ar hé.* Gallois, *hev* (à) *losk-f-ir.* Bret., *hén* (à) *losk-f-ed.*

Nous serions brûlés. Gaël-irl., *loisg-f-ar sinn.* Gallois, *ni* (à) *losk-f-ir.* Breton, *ni* (à) *losk-f-ed.*

Vous seriez brûlés. Gaël-irl., *loisg-f-ar siv.* Gallois, *c'houi* (à) *losk-f-ir.* Breton, *c'houi* (à) *losk-f-ed.*

Ils seraient brûlés. Gaël-irl., *loisg-f-ar iad* ou *aiñt.* Gallois, *iñt* (à) *losk-f-ir.* Breton, *iñt* ou *hi* (à) *losk-f-ed.*

(3) Je fus brûlé. Gaël-écos., *loisg-eadh mi* (pron. *losked*). Gallois, *losked mi* ou *mi* (à) *losked.* Bret., *mé* (à) *losked.*

(4) Je suis. Gaël-irl., *beiz mi.* Gallois, *béz-av.* Breton, *bézann* (anc. *bézaff*).

Tu es. Gaël-irl., *beiz ti.* Gallois, *béz-i.* Breton, *bézez.*

Il est. Gaël-irl., *beiz hé.* Gallois, *béz...* Breton, *béz...*

Nous sommes. Gaël-irl., *beiz sinn* (s p. h). Gallois, *béz-on.* Breton, *béz-om* ou *béz-omp.*

Vous êtes. Gaël-irl., *beiz siv.* Gallois, *béz-ouc'h.* Breton, *béz-oc'h* et *béz-it.*

Ils sont. Gaël-irl., *beiz iad* ou *iañt.* Gallois, *biz-añt.* Breton, *béz-oñt.*

Je serai. Gaël, *bi mi* et *biziz mi.* Gallois, *béz-ouiv.* Breton, *béz-inn* (anc. *béziff*).

Tu seras. Gaël, *bi zi* et *biziz ti.* Gallois, *béz-i.* Breton, *béz-i.*

Il sera. Gaël, *bi se* et *biziz se.* Gallois, *béz-ó.* Breton, *béz-ó.*

Nous serons. Gaël, *bi sinn* et *biziz sinn.* Gallois, *béz-om.* Breton, *béz-imp.*

Vous serez. Gaël, *bi siv* et *biziz siv.* Gallois, *béz-oc'h.* Breton, *béz-ot* ou *béz-oc'h.*

Ils seront. *Bis iañt* et *biziz iañt.* Gallois, *béz-oñt.* Breton, *béz-iñt.*

Sois. Gaël, *biz.* Gallois, *béz.* Breton, *béz.*

Qu'il soit. Gaël, *bizeadh* (pr. *bizet*) *hé.* Gall., *bézet.* Breton, *bézet.*

Soyons. Gaël, *bizeam.* Gallois, *bézoun.* Breton, *bézomp.*

Soyez. Gaël, *biziv.* Gallois, *bézouc'h.* Breton, *bézit* et *bézoc'h.*

Qu'ils soient. Gaël, *bizeadh* (pron. *bizet*) *iañt.* Galles, *bézañt.* Breton, *bézoñt.*

Etre. Gaël, *biz.* Gallois, *bod.* Breton, *béza, but* et *bout.*

Etant. Gaël, *do* (pron. *da*) *biz*, (en constr. *viz*). Gallois, *o bod* (en constr. *o vod*). Breton, *ó béza* (en constr. *ó véza*).

Devant être. Gaël, *do biz* (en constr. *do viz*). Gallois, *i bod* (en constr. *i vod*). Breton, *da béza* (en constr. *da véza*).

(5) Je fus. Gaël, *bi, bo* ou *ba* ou *boi* (en constr. *voi*) *mi.* Gallois, *bou-m'.* Breton, *bo-enn* (en construct., *vo-enn*, et, par contract., *oenn*.)

Tu fus. Gaël, *boi* ou *voi ti.* Gallois, *boues-i'* ou *vuost.* Breton, *boez té, voez* ou *oez.*

Il fut. Gaël, *boi* ou *voi hé.* Gallois, *bou* ou *vou.* Breton, *boé, voé* ou *oé*, etc.

dialectes (1), qui, au passé, se changent en *boi* ou *voi* ou *oé* (2).

Ces racines diverses, élément du temps, unies à l'élément de la personne et à l'élément de l'action, désigné par le participe passé du verbe qu'on veut conjuguer, et qu'on y joint, forment un second passif celtique très-usité (3).

Je ne pousserai pas plus loin cette investigation qui finirait par fatiguer ; je crois en avoir dit assez pour faire voir que les éléments du verbe, et l'esprit qui préside à leur combinaison, comme la plupart des éléments de la grammaire, comme le fond du vocabulaire, comme tous les mots gaulois donnés par les écrivains de l'antiquité, et les formes grammaticales qu'ils révèlent, sont les mêmes dans les deux grands rameaux des dialectes celtiques modernes, le gaël d'Écosse ou d'Irlande, et le breton de Galles et de France. Il me semble donc constant, que ces dialectes représentent l'ancienne langue celtique sous plusieurs rapports essentiels. Si cependant je me trompais, s'il restait quelque doute dans l'esprit du lecteur, ce serait la faute non du sujet, mais de l'auteur lui-même, et j'ai la conviction, qu'un seul regard pareil à ceux dont les Burnouf et les Grimm ont éclairé les langues plus favorisées de l'orient et du nord, suffirait pour dissiper toutes les ténèbres celtiques.

SECONDE ÉPOQUE.

Maintenant que nous savons d'où viennent les dialectes nationaux d'Irlande et d'Écosse, de Galles et d'Armorique, et que la réunion de leurs traits communs nous a fait retrouver la langue celtique, telle qu'elle était probablement au fond, lors de la division des peuples gaëls et bretons, nous allons étudier à part un des rameaux de ce vieux tronc, dont les premières fleurs ont été cueillies par nos ancêtres les Gaulois, et dont les Bretons de France cueillent aujourd'hui les dernières : je veux dire l'idiome des paysans de l'Armorique. Avec lui commence l'âge historique des langues primitives de la Gaule. C'est pour nous une raison

---

(1) Je suis. Gaël, *as* et *is mi*. Gallois, *es ouf*. Breton, *éz oun* (anc. *éz ouff*.)

Tu es. Gaël, *is ti*. Gallois, *es out*. Breton, *éz oud*.

Il est. Gaël, *is hé*. Gallois, *es ev*. Breton, *éz é*.

Nous sommes. Gaël, *is sinn*. Gallois, *es om* et *es on*. Breton, *éz omp*.

Vous êtes. Gaël, *is iv*. Gallois, *es ouc'h*. Breton, *éz oc'h*.

Ils sont. Gaël, *is iañd*. Gallois, *es iñt*. Breton, *éz iñt*.

Je suis. Gaël-écos., *za* ou *zô mi*. Gallois, *mi zy* (pron. *zô*). Breton, *mé zô*.

Tu es. Gaël, *zô ti*. Gallois, *ti zy* (pr. *zô*). Breton, *té zô*.

Il est. Gaël, *zô hé*. Gallois, *hev zy*. Breton, *héñ (a) zô*, etc.

(2) Voyez plus haut, p. xvij. Note 5.

(3) En voici des exemples :

JE SUIS BRÛLÉ. Gaël-écos., *zô mi loisgail* (pron. *losket*). Gallois anc., *mi zy* (pron. *zô*) *losked*. Breton, *mé zô losket*, etc.

JE FUS BRÛLÉ. Gaël-écos., *boi mi loisgail*. Gall., *bou-m'-losked*. Breton, *mé voé losket*, etc.

JE SERAI BRÛLÉ. Gaël-écos., *biziz mi loisgait*. Gallois, *bézouiv losked*. Breton, *bézinn losket*, etc.

JE SERAIS BRÛLÉ. Gaël-écos., *bizinn loisgait*. Gallois, *bezoun losked*. Breton, *bizenn losket*, etc.

SOIS BRÛLÉ. Gaël-écos., *biz loisgait*. Gallois, *béz losked*. Breton, *béz losket*.

ÊTRE OU DEVANT ÊTRE BRÛLÉ. Gaël-écos., *do* ou *da viz loisgait*. Gallois, *i vod losked*. Breton, *da véza* ou *da vut losket*.

d'appeler l'histoire à l'aide des considérations philologiques, dans lesquelles nous entrons. Aussi bien, il est difficile de juger d'une langue, sans connaître les destinées du peuple qui la parle.

Notre point de départ naturel dans cette double étude, est le ve siècle, époque de la division mentionnée plus haut ; notre point d'arrêt le xiie siècle. Entre ces deux dates, s'étend la période la plus brillante de la langue bretonne.

Quatre cents ans de la domination d'un peuple, qui n'imposait pas seulement son joug, mais encore sa langue aux nations vaincues (1), n'avaient pu détruire celle des habitants de l'île de Bretagne. Lorsque les Romains eurent disparu, et que, fuyant devant des conquérants nouveaux arrivés du nord, les Bretons vinrent, au ve siècle, sur le continent, demander un asile aux peuples de l'Armorique, ils y trouvèrent un idiome peu différent du leur (2), en usage sur d'autres points de la Gaule au iiie siècle (3), dans lequel, à la même époque, on promulgait des *fidéicommis* (4), que les Gaulois illettrés parlaient au ive siècle (5), et que deux missionnaires de la Gaule, saint Germain d'Auxerre et saint Loup de Troyes, venaient d'employer pour les catéchiser, les prêcher à la ville et aux champs, combattre leurs hérésies et même haranguer et commander leurs armées (6). Ils l'y ravivèrent, l'y cultivèrent en paix, grâce à leur éloignement des grands centres de civilisation romaine, et à l'abri de la mer, des marais et des rochers, lui donnant d'année en année une vigueur nouvelle, puisée dans leur commerce étroit avec l'île, d'où ils recevaient incessamment de nouvelles recrues de peuples de la même langue (7). Elles se succédèrent sans discontinuer du ve au viie siècle, d'un rivage à l'autre (8) ; quand elles cessèrent, le nom d'Ar-

---

(1) Non solùm jugum, verùm etiam linguam suam domitis gentibus. (S. August. De Civitate Dei. Liv. 19. C. 7.)

(2) Sermo haud multùm diversus. (Tacit. Agricol. C. 11.)

(3) (Alexandro Severo) mulier Druias eunti exclamávit gallico sermone. (Lampridius, ad ann. 234. Vit. Alexandri Severi.)

(4) Fideicommissa quocumque sermone.... non solùm latino, vel græco, sed etiam punico, vel *gallicano.* (Ulpien. Digesta. ad ann. 230. L. 32. Tit. 1.)

(5) Dùm cogito me hominem Gallum... verba facturum, vereor ne offendat vestras nimiùm urbanas aures sermo rusticior.-*Gallicè* loquere. (Sulpic. Sever. Dialog.)

(6) Prædicatio ad plebem... per trivia, per rura, per devia.... turba sine numero.... populus arbiter judicium clamore testatur... immensæ multitudinis numerositas cum conjugibus ac liberis convenerat. (Acta. S. Germani. Apud Bolland.) Nec tantùm sub ecclesiarum parietibus, per eos (Germanum et Lupum) verbi divini semina, verùm etiam per rura spargebantur et compita... verbis trahitur populus innumerabilis. (Acta. S. Lupi. ibid. 18 et 27.)

(7) Exules (Britones) Galliæ tenent partes.

(Ethelbert. Chron. ad ann. 430.) Venerunt transmarini Britones in Armoricam, id est, in minorem Britanniam. (Chronic. S. Michael. in Biblioth. Labb.) Rivallus, à transmarinis veniens Britannis cum multitudine navium, possedit totam minorem Britanniam. (Act. S. Winnoch. Ex. mss. Vedast. V. Acta. Bened. T. 1.)

(8) Budicus (ad ann. 490) cùm ad recipiendum regnum armoricæ gentis veniret... cum tota familia sua et classe applicuit. (Usser. p. 291.) —Emit Harthoc transmarinus (Brito) quamdam tribum xxii villas... à Gradlono, rege Britonum; et ideò se ipsum commendavit prædicto regi atque omnia sua. (Cart. Landeven. Mss.) Ad prædicandum populo ejusdem linguæ, in occidente consistenti, mare transfretavit (Maglorius) properans finibus territorii Dolensis. (Bolland. 24 oct.)—(Quemdam peccatorem) misit (episcopus Brito) in peregrinatione usquè ad episcopum Dolensem in Cornugalliam propter veterrimam amicitiam... eo quòd et Britones et archiepiscopus illius terræ essent *unius linguæ*, et *unius nationis*, quamvìs dividerentur spatio terrarum... et tantò meliùs poterat indulgentiam requirere, *cognito suo sermone.* (Labbe Concilia. T. V. p. 830. ad ann. 560.)—Judocus de illustri procedens genealogia Riovalli qui

morique avait disparu, remplacé par celui de Bretagne. Les Bretons armoricains, occupant le pays compris entre l'océan et l'embouchure de la Loire, formaient depuis longtemps un état libre, sous une hiérarchie de chefs, de race et de langue celtique, ayant chacun son petit royaume indépendant, comme ceux de l'île, et dans lequel refleurissaient, avec l'idiome mêlé de la petite et de la grande Bretagne, les vieilles mœurs nationales fondues des deux peuples jumeaux. Cependant la langue des Bretons insulaires y dominait, si nous en croyons un historien du VIIIᵉ siècle (1), grâce à leur nombre, peut-être supérieur à celui des Armoricains, et elle dut faire au siècle suivant des progrès nouveaux, favorisée plus que jamais par les chefs suprêmes de la confédération, la plupart de race bretonne. En effet, pour resserrer encore plus, s'il était possible, les liens de nationalité parmi leurs peuples, ils déposèrent les évêques de langue et de race étrangère, et donnèrent ou confirmèrent les siéges de Léon, de Cornouaille, de Tréguier, de Saint-Brieuc, de Vannes, de Dol et de Saint-Malo, à des hommes de leur nation et de leur langue (2); au désir de voir leurs sujets plus unis et plus forts, se joignait certainement celui d'éloigner d'eux, par la barrière infranchissable du langage, les influences gallo-franques; et retremper la hiérarchie ecclésiastique supérieure dans l'élément celtique, c'était y retremper en même temps le clergé inférieur, et avec lui toute la nation bretonne, sur laquelle il exerçait une triple et incalculable action, par l'enseignement, à l'égard des enfants dont il était l'instituteur, et à l'égard des pères et mères, par la confession et la prédication. L'unité de langage dont nous parlons, dura aussi longtemps que les Bretons armoricains eurent à leur tête des chefs libres et de leur propre race; mais il était facile de deviner par où elle devait être attaquée, et quelle portion de territoire se verrait enlever un jour l'idiome national. Évidemment c'était celle où un acte du VIIIᵉ siècle nous montre le dialecte gaël parfaitement distinct des dialectes bretons voisins (3), celle que sa position limitrophe exposait le plus aux influences étrangères, et qui, passant perpétuellement des Bretons aux Francs et des Francs aux Bretons, et sans cesse exposée aux incursions des uns et des autres, perdait insensiblement toute physionomie celtique, c'était les évêchés de Dol et de Saint-Malo, et toute la partie de ceux de Saint-Brieuc et de Vannes, avoisinant la Rance ou la Vilaine. Au XIIᵉ siècle, on n'y parlait déjà plus celtique, et les habitants de la Bretagne étaient divisés en *gallos*, qui faisaient usage d'une espèce de patois roman, et en *bretonnants*, dont le breton était la langue nationale (4). L'invasion des Normands avait accéléré ce démembrement

principabatur in transmarina, sive in majori Britannia,... *in copiosa navium multitudine*, exteriorem sibi subjecit Britanniam. (Duchesne. T. 1. p. 653.)

(1) Le Chroniqueur de S. Denys (ad ann. 786) traduit au XIIIᵉ : « Icèle gent, dit-il, retient encor *la langue des anciens Bretons*. » (D. Bouquet. T. V. p. 240.)

(2) Episcopis... ejectis... Dux Britanniæ...

quos *solummodò suæ gentis et linguæ* esse noverat... verbo suo restituerit. (Sirmund. Concilia Galliæ. T. III. p. 297.)

(3) Cartularium Rotonense (ad ann. 821. mss.) Fragments publiés par M. de Courson, Histoire des Peuples bretons. T. I. p. 412.

(4) Chronique de S. Denys. (Apud scriptores. rerum. Gallic. et Franc. T. V. p. 240.)

de

de l'idiome celtique : l'émigration, qui en fut la suite, l'acheva. Ses résultats furent incalculables : il faut lire les actes du temps pour bien les apprécier ; il est démontré par l'histoire que les habitants des quatre évêchés nommés plus haut, ceux du moins qui demeuraient dans le pays compris entre l'embouchure de la Loire et celle du Coesnon, d'une part, et l'embouchure de la Vilaine et celle du Leff, d'autre part, de la mer à la mer, furent exterminés ou passèrent en si grand nombre en France, que la haute Bretagne fut réduite en solitude : telle est l'expression des contemporains (1).

Et l'émigration ne fut point passagère, comme on pourrait le croire ; les incursions sans cesse renouvelées des Normands la firent durer cinquante ans ! Un demi-siècle en pays de langue étrangère ! c'était plus qu'il n'en fallait pour que les émigrés oubliassent ou du moins altérassent la leur par le mélange, et leurs fils, nés hors de la Bretagne, y rapportèrent naturellement l'idiome de France. Une partie des habitants de la Basse-Bretagne, de ceux des évêchés de Cornouaille et de Tréguier, émigrèrent aussi, à la vérité, mais ce fut dans l'île de Bretagne, parmi des peuples de même langue dont ils étaient frères, et si leur séjour loin du pays natal l'ouvrit et permit aux étrangers de l'occuper momentanément, il ne causa aucun préjudice à leur idiome national (2). Quant aux hommes du comté de Léon, défendus par leurs chefs et leur position territoriale, ils n'abandonnèrent pas leur pays et conservèrent, avec leur liberté, les bonnes traditions du langage (3). Telle est sans doute la cause de la supériorité reconnue de leur dialecte sur les autres ; voilà pourquoi il est le dialecte classique des Bretons ; comme dans le nord du pays de Galles, il est plus orné, plus délicat, plus élégant, parce qu'il a été moins en rapport avec les langues étrangères (4). C'est aussi lui que nous prendrons surtout pour sujet d'examen dans l'étude philologique que nous allons commencer.

Les monuments de la langue bretonne parvenus jusqu'à nous, qui se rapportent aux six siècles dont nous avons à nous occuper et au dialecte classique des Bretons, sont, entre autres documents :

1° Les poésies du barde Gweznou, né vers l'an 460, mort vers 520.

2° Du barde Taliésin, né vers l'an 520, mort vers 570.

3° Du barde Merzin ou Merlin, qui vivait de 530 à 600.

4° Du barde Aneurin ou saint Gildas, de 510 à 560.

5° Du barde saint Sulio ou saint Y-Sulio, qui vécut de 660 à 720.

6° Une grammaire écrite par Ghéraint, dit le Barde-Bleu, en 880.

7° Un vocabulaire de l'an 882 et des actes latin-bretons de la même époque.

8° Des dictons poétiques du xe et du xie siècles.

---

(1) In solitudinem et vastum cremium omninò tota regio... Nulla ibi tunc domus habitationis erat, nulla hominum conversatio. (Acta S. Gildæ Ruyensis. D. Morice. T. I. Preuves.) Fugientes indè præ timore Normannorum (Britones) dispersi sunt per Franciam, Aquitaniam et Burgundiam. (Chronic. Nannet. D. Bouquet. T. VIII. p. 256.)

(2) Fugit autem tunc temporis Matuedoi comes de Poher ad regem Anglorum cum ingenti multitudine Britonum. (Chron. Nannet.)

(3) D. Morice. Preuves. T. I. Col. 335.

(4) Lingua britannica, in Nordwallia, delicatior et ornatior et laudabilior est quantò alienigenis terra illa impermixtior esse perhibetur. (Giraldus Cambr. Itinerar. Cambriæ).

Ces différents documents ont tous été imprimés, à l'exception de la grammaire, d'après des manuscrits des xe, xie et xiie siècles (1) encore existants. Un paysan breton-gallois de la vallée de Myvyr, nommé Owen Jones, en a fait paraître, à ses frais, en 1801, avec un patriotisme au-dessus de tout éloge, un inappréciable recueil intitulé : *Myvyrian archaiology*, dont Sharon Turner, en Angleterre, et en France, M. Fauriel, et l'auteur de cet essai lui-même, s'il lui est permis de se citer après de si graves autorités, ont démontré l'authenticité (2). Le vocabulaire a été publié par Price (3), les actes latin-bretons, par Wanley (4).

La seule énumération de ces monuments littéraires, qui ont une incontestable valeur, prouve la culture intellectuelle des Bretons à l'époque qui nous occupe. Un peuple possédant à la fois grammaire, vocabulaire et textes poétiques, a une littérature à lui. Les chefs bretons en étaient les patrons ; les bardes attachés à leur personne, les instruments. Je vais l'étudier sous le triple rapport de l'orthographe, du dictionnaire et de la syntaxe, mais rapidement, quant à ce dernier point. Aussi bien, après ce qu'on a lu précédemment, il me reste peu de chose à dire, car si la langue bretonne parlée du ve au xiie siècle n'était pas en tout point, quant à son vocabulaire et à ses règles particulières, celle de *Caractacus*, du moins n'avait-elle pas varié, quant à son essence et à sa construction.

Le défaut de textes antérieurs à l'ère chrétienne m'a empêché de constater les caractères de l'ancienne orthographe celtique; cependant les ancêtres des Bretons connaissaient l'écriture, mais, comme s'ils n'eussent pas eu de signes particuliers, ils faisaient usage des lettres grecques : c'est César qui nous l'apprend (5). Or, il est bien remarquable que nul autre alphabet au monde ne rend mieux tous les sons articulés que peut former la voix des Bretons de Galles ou de France, et des Gaëls d'Ecosse ou d'Irlande. Lui seul, par exemple, peut exprimer, à l'aide de trois caractères simples θ, δ et χ, trois sons fondamentaux de la langue celtique, savoir, celui des deux dentales aspirées de cette langue, figurées en gallois par *th* et *dh* ou *dd*, et celui de la gutturale que les Bretons et les Gallois rendent par *ch* ou *c'h*.

Mais l'invasion romaine laissa son empreinte jusque sur l'alphabet celtique, et les plus vieux manuscrits bretons connus sont écrits en caractères latins, entremêlés de lettres improprement appelées saxonnes. Cet alphabet insuffisant une fois admis, l'orthographe bretonne ne paraît guère avoir varié du ve au xiie siècle, que dans la manière de rendre les trois sons caractéristiques mentionnés plus haut, et les sons *e*, *i* et *ou* :

(1) C'est l'âge que leur donnent Sharon Turner (Vindication of the ancient british poems, p. 28.) Ed. Lhuyd (Archæologia britannica, p. 225.) Owen (Mémoires de la Société royale des antiquaires de Londres 'Archæologia'. V. XIV, p. 211 et suiv.); et les paléographes allemands et anglais les plus distingués.
(2) A vindication of genuineness of the ancient british poems, 1803.—Archives philosophiques, politiques et littéraires, 1818. T. III.

p. 88.—Examen critique des sources bretonnes ; Contes populaires des anciens Bretons, 1842. T. II. p. 301.
(3) Dans l'Archæologia Cornu-britannica. (Sherbone, 1790.) Le manuscrit (*Vespasian*.A. XIV. *Bibl. coton.*) se trouve au Musée britannique, où je l'ai consulté.
(4) Codex Ecclesiæ Lichfeldensis. Catalog. p. 289 et 290.
(5) Litteris utuntur græcis. (De Bello Gallico.)

nous en pouvons juger par les plus anciens monuments sur pierre ou vélin qui nous restent. En effet, la longue et curieuse inscription de Lantwit, en Galles, faite au vie siècle et qui offre un alphabet complet (1), rend par *dh* la dentale aspirée *ð*, que l'inscription du pilier d'Eliseg, monument de l'an 850 (2), rend par deux *t*, et elle exprime au moyen d'un seul *t* le son θ que l'auteur de la seconde inscription figure par *th*. De même, dans l'une, les deux lettres unies *ch* expriment le son guttural χ; dans l'autre, ce son est tantôt rendu par des signes semblables, mais tantôt aussi par une *h* non précédée, mais suivie d'un *c*, et tantôt par un seul *h*. De même encore l'inscription du vie siècle se sert indifféremment de *c* ou de *ch* devant toutes les voyelles, pour rendre le son de *k*, tandis que celle de 850 n'emploie jamais que le *c*. Enfin cette dernière se sert invariablement de l'*u* latin pour rendre les sons *ou* et *i* trèsbref, contrairement à l'autre qui fait usage de la voyelle *u* et de la voyelle *i*, qu'elle soit brève ou longue. Quant au *j* et au *ch* de l'orthographe française, au *k*, au *q*, à l'*x*, à l'*y* et au *w*, on ne les y rencontre pas plus que dans aucun écrit breton connu de l'an 500 à l'an 900. Au reste, le premier trouvait son équivalent dans l'*i*, le second dans *s*, le troisième et le quatrième dans le *c* toujours dur et ayant le son du *k*; celui de l'*x* n'existe pas en langue celtique; pour l'*y* tel qu'il existe aujourd'hui en gallois, il était représenté par un *o* très-bref sonnant à peu près comme l'*e* français dans le mot *retenir*, et le *w* par un *u* simple ou deux *v* bien distincts.

A la fin du ixe siècle (et je m'appuie particulièrement ici sur le manuscrit du vocabulaire breton de 882 et les actes de la même époque publiés par Wanley), à la fin du ixe siècle et au xe, les livres présentent une différence, selon qu'ils sont écrits par des mains latines ou par des mains bretonnes; dans le premier cas, le son du *ð* est presque toujours rendu par le *d* latin, quelquefois par *s*; celui du *k*, comme précédemment par un *c*; celui du θ, par *th*; celui du χ, tantôt par un *c* unique, tantôt par *ch*; celui de l'*u* (*ou*) et de l'*i* bref, par *u* et par *vv*, jamais par *w*, encore inusité; celui de l'*e* par *i* et par *e*, selon qu'il est ouvert ou fermé. Dans le second cas où l'orthographe commence à vouloir devenir plus méthodique, *dh* et quelquefois *z* et *s* figurent le *ð*. La lettre *k* ou plutôt une lettre saxonne approchant de sa figure, et que Price a eu le tort de confondre avec elle, tend à prendre la place du *c* devant toutes les voyelles et les consonnes, et *ch* celle du son guttural χ; *u* et un caractère particulier qui a assez la figure du *ɤ* grec, qui lui convient, et que Price a encore mal représenté par *w*, signe inconnu avant le xiie siècle, s'emploient indifféremment pour représenter le son *ou*, comme *e* et *i*, pour peindre le son des deux *e* de l'alphabet français. Le manuscrit du dictionnaire dont j'ai parlé plus haut fait foi de tout ceci. Un des manuscrits des poëmes de Taliésin de la fin du xe siècle (3), et un autre écrit du xie (4), attestent qu'à ces époques il en

---

(1) Sharon Turner en cite une partie. (Vindication of genuineness of the ancient british poems, p. 130.) Voyez aussi Camden. (*Britannia*, art. Glamorganshire.)

(2) Citée par Lhuyd. (Archæologia britannica, p. 92.)

(3) *Levr dû Kaervarzin*. (Biblioth. d'Hengurt, in-4° vélin.)

(4) *Levr Taliésin*. (Ibid.) in-8° ext°.-vélin.

était à peu près de même qu'à la fin du IXᵉ, pour les ouvrages copiés par des mains bretonnes ; la seule différence consiste dans l'emploi pur et simple du ∫ grec substitué au *dh*, au *dd* ou au *z* ; dans celui d'un *u* particulier, pour désigner le son *w*, et dans l'exclusion très-fréquente de l'*i* remplacé par *u*, qu'on voulut peindre le son de l'*i* ou celui de l'*e* muet français. Je n'ai rien à dire ici des permutations des lettres : elles avaient lieu seulement dans la langue parlée. Ce n'est que postérieurement aux siècles dont nous nous occupons que les auteurs bretons ont eu l'heureuse idée de reproduire pour les yeux, dans la langue écrite, les altérations subies par les consonnes initiales, en vertu de lois grammaticales ou euphoniques : les anciens écrivains donnaient les mots sous leur forme radicale, laissant au lecteur instruit à faire les permutations, s'il lisait tout haut (1). Cette méthode, qui avait le grave inconvénient de faire écrire autrement qu'on ne prononçait et qui devait être naturellement réformée, nous permet cependant aujourd'hui de saisir les expressions celtiques beaucoup mieux que dans les écrits grecs et latins, où elles se trouvent généralement, comme on l'a vu, sous leur forme orale et à l'état de construction. Il va sans dire que les voyelles et les consonnes, dont le corps même des mots est formé, se présentent à nous de manière à nous montrer des contours et des proportions qu'ont naturellement altérés les langues étrangères. Ces contours et ces proportions sont fort remarquables ; les consonnes qui soutiennent les syllabes et donnent au mot sa forme, ont une force très-grande qu'elles doivent à leur nombre et à leur solidité : l'étude de l'alphabet breton nous en fait voir le système complet, où chacun des trois organes de la voix humaine, les lèvres, la langue et la gorge, produit trois articulations douces, fortes et aspirées, comme les touches d'un orgue articulent les sons. Les voyelles, élément beaucoup moins essentiel, que je comparerais volontiers aux tuyaux inintelligents du même instrument, sont très-riches, et de leur réunion naissent des diphtongues singulièrement variées et éclatantes. Elles donnent aux mots de la majesté par les longues, de l'élégance par les brèves, de l'ampleur par les désinences dans toute leur plénitude, leur étendue et leur sonorité. C'est bien là l'idiome d'un peuple chez lequel la poésie et la musique étaient aussi intimement unies que la langue l'est à la pensée, et dont les bardes, à la fois poëtes et musiciens nationaux, en même temps que législateurs de l'état littéraire, avaient fait un art, ayant son code spécial (2). Du reste, ces qualités ne sont pas particulières au breton : elles sont celles de toutes les langues jeunes. M. Ampère l'a dit avec autant de bonheur que de justesse : « elles commencent par être une musique, et finissent par être une algèbre. »

Du vᵉ siècle au xiiᵉ, la langue bretonne n'a éprouvé aucun changement sous le rapport qui nous occupe. Il n'en a pas été de même quant à l'étendue de son vocabulaire ; si le dépouillement qu'on en peut faire, grâce aux monuments parvenus jusqu'à nous, nous offre le même fonds primitif que les dialectes gaëls, s'il exprime de la même manière tout ce

---

(1) Nous avons cru de notre devoir de suivre la méthode de ces derniers, quelque bizarre qu'elle semble aujourd'hui et contrairement à l'éditeur de l'*Archéologie galloise*, dans les citations que nous faisons ci-après ; c'est seulement en arrivant aux temps modernes que nous changeons de système avec la coutume.

(2) On l'a publié dans le troisième volume du *Myvyr. archaiology of wales*.

ui est nécessaire soit à l'individu, avec ses actions, ses affections, ses
esoins, ses idées, ses images, soit à la société avec ses personnes et leurs
onctions, il a acquis beaucoup de termes nouveaux nés, avec le temps,
es accidents de la vie des Bretons, de leur passage à un meilleur état
ocial, des nouvelles mœurs, des lois nouvelles, des nouvelles idées ré-
ultant de cet état, et particulièrement de celles que donnent un gouver-
ement mieux ordonné, une morale épurée, une religion parfaite, en
n mot, la civilisation. Leur commerce avec les Romains et leurs rapports
vec l'Eglise romaine, continuatrice de l'œuvre de ceux-ci, ont amené,
lus que toute autre cause, les modifications dont je parle. En apprenant,
ien que d'une manière imparfaite et seulement comme idiome savant,
a langue de leurs vainqueurs et de leurs missionnaires; et tout en con-
ervant la leur pour les relations ordinaires, ils subirent en partie la do-
nination la plus forte à laquelle une nation puisse être soumise; avec
lle, Rome, soit païenne, avec son administration, soit chrétienne, avec
Eglise et ses écoles, leur imposa autant qu'elle put son caractère, son
sprit et ses pensées. De là tant de mots bretons empruntés au latin. Si
u moins, pour peindre les fruits nouveaux de la civilisation, ceux qui
es recevaient avaient toujours, comme ils le devaient, créé des termes
e rapportant à quelque chose de connu d'eux, des termes dérivés de
adicaux celtiques et non pris dans la langue étrangère! Mais non, du
ʳᵉ au xiiᵉ siècle, un préjugé bien naturel en faveur de la langue de Rome,
nais bien funeste pour celle des Bretons, leur fit rechercher ce qu'ils
ppelaient l'*urbanité romaine*, ils craignirent de blesser les oreilles polies,
l'exciter le rire par un langage rustique (1); on leur disait que ce langage était inculte, fastidieux, odieux, qu'il avait une *écaille* dont les gens
bien élevés devaient le dépouiller (2); on alla jusqu'à l'excommunier
comme *barbare* (3): ils le crurent tel; et, chose inouïe, dès le ixᵉ siècle,
un d'eux le nommait un *jargon confus*, fatigant, un langage inusité et
intolérable pour les gens d'étude (4). Ils adoptèrent donc sans examen
les mots étrangers avec les idées nouvelles qu'ils leur suggéraient et ren-
dirent par les mêmes termes celles que faisaient naître les habitudes de
la civilisation, le luxe, les monuments, les belles-lettres, les beaux-
arts, les usages romains, et celles qu'apportait avec elle la théologie
chrétienne. Pour s'approprier ces mots, ils les bretonnisèrent, si j'ose
dire, en supprimant leurs désinences (5), en adoucissant leurs consonnes
initiales ou finales, ou en les modifiant de mille autres manières qu'il

---

1) Vereor ne offendat vestras *urbanas au-
res sermo rusticior.* (Sulpic. Sever. Dialog.)—
Nescio quid *gallicè* dixit, riserunt omnes.
(Aulu-Gell.)

(2) Fastidiosus et incultus transalpini sermonis horror... *Sermonis celtici squammam*
deposita nobilitas, nunc oratorio stilo,
nunc etiam camenalibus modis imbuebatur.
(Sidonius-Apollin. ad Ecdicium. l. III. Ep. 3.)

(3) Concilium remense. (Ap. Daru. Hist.
de Bretagne. T. I.)

(4) Hujus sancti viri (Pauli-Aurelianensis)
gesta scripta reperi, sed *britannicâ garrulitate*

ità confusa, ut legentibus fiunt onerosa... inau-
ditum locutionis genus quosque studiosos à
lectione summovebat.(Apud Boll. T.II.p.3.)

(5) Ainsi, de *ecclesia* ils firent *eglouiz*, et,
par contraction, *iliz*; de *scola*, *skol*; de *com-
munio*, *komun*; de *excommunicatus*, *eskomun*;
de *communicare*, *komuna* ou *komunia*, etc.
Né kémérav komun *gan* eskomun *ménec'h*.
Am komuno Diou (Doué) *hé-un.* (Merzin.)
« Je ne reçois point la communion de moines
excommuniés. Que Dieu lui-même me donne
la communion. » (Myvyrian Arch. T. I. p.
153.)

serait trop long d'énumérer. Ainsi, par exemple, dans les noms en *as*,
ils retranchèrent la terminaison *is* du génitif, changèrent *a* en *o* ou en
e, et la consonne finale de forte en douce (1). Dans les adjectifs, même
syncope, mais seulement pour la terminaison du nominatif (2). Dans les
verbes à l'infinitif, suppression de la dernière syllabe remplacée par
une terminaison celtique (3); au participe passé, suppression seulement
de la désinence *us* (4). Quelquefois le terme latin était métamorphosé
par une contraction tellement énergique qu'il devenait méconnaissable;
je cite comme preuve le mot *angelus*, dont les Bretons ont fait *el* (5).
Ce fut surtout, et cela se conçoit, durant le séjour des Romains parmi
eux, et aux deux siècles suivants, que cette manie latine eut cours : le
barde Taliésin l'a poussée quelquefois jusqu'à une exagération dont la
cause ne peut être que le désir de passer pour savant; non-seulement il
emploie les mots latins avec la forme altérée qu'ils ont gardée en passant
dans la langue bretonne (6), mais souvent il leur conserve leur terminaison originale (7) et va même jusqu'à bigarrer ses écrits de phrases
entières du latin barbare qu'on parlait vulgairement dans les hautes
classes et dans les villes romano-bretonnes aux siècles qui précédèrent
le sien (8).

Cette tendance funeste, qui fut toujours celle des pédants, ne dut pas
être sans influence sur la détermination prise au ix° siècle par les chefs
bretons, protecteurs naturels de la langue et de la littérature nationales,
lorsqu'ils éloignèrent prudemment de leur peuple les évêques et les prêtres
ignorant l'idiome du pays. Mais, après tout, les mots ne sont que l'acci-
dentel du langage; je les comparerais volontiers aux menues branches
et aux feuilles d'un arbre sans cesse remplacées et renouvelées : le
temps a moins de prise sur le fonds, l'essence, la constitution de la
langue. Sous ce rapport, comme je l'ai déjà fait observer, le breton est
resté identique et invariable du v° au xii° siècle, dans les lois générales
que j'ai exposées en traitant de ses origines. On les retrouve dans la grammaire écrite au ix° siècle, par Ghéraint, modèle de toutes celles qui ont été
composées depuis, en Galles, et qui n'en sont même que des amplifications,
comme leurs auteurs le reconnaissent formellement, en citant toujours avec

---

(1) De *trinitas*, *trinitatis*, ils firent *trindod*
ou *trinded*.
    Mé a boé enn logod
    Enn goulad ë (ann) TRINDOD. (Taliésin.)
J'ai été souris dans le pays de la Trinité.
        (Myvyrian Arch. T. I. p. 39.)
    (2) De *mutus*, *mud*, etc.
    Erc'h é ménez; gwenn lein dar;
    Mud eo aonig é lavar.
              (S. Sulio.)
La neige (brille) sur la montagne; la cime
du chêne (est) blanche; le peureux est MUET
pour parler. (Myvyrian Arch. T. I. p. 463.)
    (3) De *spoliare*, *espeilia*.
    Mé kérent...
    Am ESPEILIO *o'm' da bed.* (Taliésin.)
Mes parents me *dépouilleront* de mes biens

du monde. (Ibid.)
    (4) De *benedictus*, *bendiget* ou *benniget*.
Boet bendiget, qu'il soit béni. (Taliésin.)
    (5) D'abord *angel*. *Gério'er angel.*(Taliés.)
          Les paroles de l'ange.
    (6) PRCTOR *David*, le cœur de David. REKS
reksed, le roi des rois.
    (7) *A gwélaz-té* DOMINUS FORTIS ? as-tu vu
le Seigneur puissant ?
    (8) *Darogan doufn* DOMINI, la prédiction
profonde du Seigneur.
    RO GENTES FORTIUM, le roi des nations puis-
santes.—*Hon tdd*, HON PATER. Notre père.
    Kuza nóz rag déz, PATER NOSTER, AMBULO,
la nuit se cache devant le jour, notre père,
je me promène, etc. (Myvyrian. T. I. p. 23,
32, 33, 34, 39.)

respect l'original. (1) Ce n'est pas à dire que l'arrangement des mots, arbitraire en soi, ne se soit pas modifié, et que la similitude de syntaxe exclue toute différence accidentelle; mais s'il est quelques variétés inévitables, quant aux règles particulières, les principales sont restées les mêmes. Ainsi Ghéraint, comme tous les dialectes de la langue celtique, et avec l'autorité de tous les écrivains bretons du v⁰ au xii⁰ siècle, qui peuvent fournir des exemples, indique l'individu ou l'espèce, par l'article défini ou indéfini, le premier supprimable, quand un nom propre se trouve réuni à un nom commun; il marque les rapports des mots entre eux, soit par des prépositions qui tiennent lieu de cas, soit par la juxta-position des mots (2). Quand de deux substantifs dépendant l'un de l'autre se forme un mot nouveau, le régissant se place à volonté avant ou après le régi, mais le plus souvent avant lui (3). Les adjectifs peuvent être mis avant ou après le substantif, s'accorder partiellement ou non en nombre et en genre avec les substantifs, c'est-à-dire, varier ou ne pas varier leur terminaison, selon que ceux-ci sont du féminin ou du masculin, au singulier ou au pluriel (4). Ces terminaisons des différents substantifs, au masculin ou au féminin, au singulier ou au pluriel, ont tous les anciens caractères celtiques. Les degrés de comparaison de l'adjectif se forment, soit en ajoutant au positif une terminaison variable pour le comparatif et le superlatif, soit en le faisant précéder ou suivre d'un adverbe, soit, pour le superlatif seulement, en répétant deux ou trois fois le positif, caractère remarquable de jeunesse, car les enfants emploient familièrement cette manière de parler, quand ils veulent peindre un objet qui les a frappés (5).

---

(1) J'en ai vu une copie au collége de Jésus, à Oxford, faite en 1270, par Edern, surnommé Tévod-aour ou *langue d'or*. Elle commence au folio 1117⁰ du mˢ intitulé LE LIVRE ROUGE D'HERGEST.

(2) Boet abendiget ER gwez dû
A tennouaz ë (al) lagad oez dû
Gwallog ap Léinog, penn-lu.
(Gweznou.)

Soit maudite l'oie noire qui tira l'œil qui était noir DE Galgac LE fils DE Leinog, le chef de guerre. (Myvyrian. Arch. T. I. p. 166.)

Boet abendiget ER *gwez gwenn*,
A tennouaz hé lagad o' hé penn.

Soit maudite l'oie blanche qui tira son œil DE sa tête. (*Ibid.*)

(3) Aneurin dit *kadki*, chien de combat, au lieu de *ki kad*; mais en même temps il dit *kad traez*, le combat du rivage, au lieu de *traez kad.* (Myvyr. Arch. T. I. p. 4.)

(4) Ainsi les auteurs de l'époque qui nous occupe *écrivaient* à volonté *déved bic'hAN* et *déved bic'hEN*, de *petit* brebis et de *petites* brebis; *davad bic'hAN* et *davad bic'hEN*, un *petit* brebis et une petite brebis; mais, en *parlant*, on changeait invariablement la consonne muable de l'adjectif de forte en douce, et l'on disait: *davad vic'han*, une petite brebis, et le genre se trouvait indiqué par cette permutation.

E (ar) *gour am rozaz* (a roaz d'in) ë (ar) *gwin* A'r (hag ar) *méirc'h* MOR (meûr).

« L'homme qui me donna le vin et les grands chevaux, » dit Taliésin. (Myvyr. T. I. p. 22.) Avec l'accord en nombre, avec *méirc'h*, pluriel de *marc'h*, il eût fallu *morion*, pluriel de *môr*, grand; mais ailleurs, il fait accorder l'adjectif. Toutefois, il n'y a que très-peu d'adjectifs qui admettent cet accord inobligatoire en nombre, comme il n'y en a aussi que quelques-uns qui soient susceptibles de l'accord en genre, et seulement au singulier; de sorte que l'accord en genre et en nombre serait moins une règle qu'une exception à la règle.

(5) C'HOUÉRAC'H *na* (éged) *gwin gwenn*. (Tal.)
Plus doux que du vin blanc. (Myvyrian. Arch. T. I. p. 67.)

D'id gwin gorré er GWELLAF. (Ib.)
A toi du vin au-dessus *du meilleur* (Ib. p. 47.)

MOR (meûr) TRUANT *eo gen-ev.* (Merzin.)
Je suis *très-misérable* (mot à mot, très-misérable est avec moi). (Myvyr. Arch. p. 48.)

N'ed (eo) GWAS *urz dén nag* (éged) *urz églouiz* (iliz).
(Merzin.)
Le commandement de l'homme n'est pas *plus dur que* celui de l'Eglise. (Myvyr. Arch. p. 141.)

Quant aux pronoms, Ghéraint a peu de chose à nous en apprendre, après ce que nous avons dit du principal, dans la première partie : le pronom possessif est formé du pronom personnel, qui devient alors de tout genre et de tout nombre, et conserve la faculté de perdre sa voyelle quand il s'unit à une préposition ; il se place devant le substantif auquel il se rapporte, mais il indique seulement le rapport du possessif et non pas le genre de la chose qui est possédée. Le pronom démonstratif suit toujours le pronom possessif, lorsque celui-ci est employé d'une manière absolue, et qu'il tient lieu de substantif; dans ce cas, on place ce dernier devant le verbe, lorsqu'il est sujet et que le verbe est au personnel, et après le verbe, lorsqu'il est régime ou que le verbe est à l'impersonnel. Le pronom relatif est le même que le démonstratif : c'est ce dernier précédé de l'article défini. Le pronom interrogatif varie de terminaison selon qu'il s'applique aux personnes ou aux choses (1). Je crois inutile de suivre notre auteur dans l'analyse du verbe, il n'a rien à nous dire à cet égard que nous ne sachions déjà. Ce serait nous répéter. On se rappelle quelles sont les caractéristiques des éléments de la personne, de l'action et du temps, et les combinaisons de ces éléments; Ghéraint les expose tels que nous les avons indiqués, et, en ouvrant au hasard les ouvrages écrits dans la période qui nous occupe, on trouve ses préceptes illustrés par une foule d'exemples (2). Je finis en signalant l'important article des noms de nombre, et leur construction en

---

(1) Am *eskoued* (skoed) *ar* (war) më (ma) *eskoez* (skoaz), h'am *klez* (klézé) *ar* më (ma) *klün*, *Enn koed Kélidoni é kouskiz-ev* më (ma) *hún*.
                                (Merzin.)
Mon écu sur *mon* épaule et *mon* épée sur *ma* cuisse, au bois de Kélidon, j'ai dormi *mon* sommeil. (Myvyr. Arch. p. 150).

Dú të (ta) *marc'h*, *dú* të (ta) *kappan* (chupenn),
Dú të *penn*, *dú* të-*unan*. (Id.)
Noir (est) *ton* cheval, noir (est) *ton* habit, noire (est) *ta* tête, (tu es) noir *toi*-même.
                        (Ibid. p. 132.)
Rëwiniaz HÉ *máb hag* HÉ *merc'h*. (Ibid.)
J'ai ruiné *son* fils et *sa* fille. (Ib. p. 152.)
*Deu-té gen-ev em ti-*NA (*énó*).
Viens avec moi dans *ma* maison-*là*.
                        (Taliésin. p. 47.)

Heb faén'ed (eo) NEB a (oé) *ganet*. (Aneurin.)
Quiconque a été engendré n'est pas sans reproche. (Myvyr. Arch. p. 16.)
POUI (piou) a oer (oar) *kana*? (Taliésin.)
QUI sait chanter ?
Pé henó (hanó) *ë* (ann)*teir kaer*. (Id.)
QUEL est le nom des trois villes ?

(2) En voici plusieurs. Je me bornerai, comme précédemment, aux temps principaux des verbes les plus usuels.
A'm kraer eo máb Maïr (Mari). (Taliésin.)
Mon Créateur est le Fils de Marie. (Myvyr. Arch. p. 76.)—*Enn nev* BOÉ, *é béz hag* ÉMA. (Ib. Il *a été* au ciel, il y sera, et il y *est*.

—MÉ-D-OUF *barz*. (Id.) Je suis barde. — *Tringa* (treuzi) *é nev* OÉZ *më c'hoañt*. (Id.) Mon désir *était* de passer au ciel.— *Goun* (péz) a boé *hag* a bez (Ib.) *Je sais* ce qui *fût* et ce qui *pourrait* être. (p. 76.) — Boem *maro*, Boem *béo*. (Ib.) *J'ai été* mort, j'ai été vivant. —*Barz aman é* MA *né* KÂN : a' (pez) a KANÔ KANET ! (Id.) Le barde qui est ici ne *chante* (pas) : ce qu'il *chantera*, qu'il le *chante*. (Myv. Arch. p. 34.)—*Men é* MA *ë mellien ha gouliz ar tirien*? *Men* ÉMA *ë gwerzorien*? Où sont les trèfles et la rosée sur le gazon? où sont les poëtes?(Ibid.)—KENEÑT (kanañt) *gwerzorien* ! (Id.)Que les poëtes chantent! (Ib.)—BOÉ *Diou* (Doué) *em* DISKI. (Id.) Dieu *était* à m'instruire. (p. 76.)—*Nag ev*, *kouski ne* GALLAF (c'hallann (S. Sulio). Ni moi, je ne *puis* dormir. (Ibid. p. 162.) *Kréaouder nef* AM NERS (Ib.) Le Créateur du ciel me *fortifie* (Id.)— *Kréaouder nef az* DIANKO ! (Id.) Que le Créateur du ciel te *perde !* (Ib.)—MÉ AZ KARAF. (Ib.) *Je t'aime* (Ib.) — HA É KOUSKI É MA *Liouélin*? (Ib.) Est-ce que *Liouélin* est à *dormir*? (Id.)— *Ha* KLÉVAZ-*té* (pez) a *kán Beuno*?—KÂN *të* Pater ha (hag) *az* Kredo,— *Rag ankou të* TIZIAI *affó*. (Myvyr. Arch. p. 173.) As-tu entendu ce que *chante* (dit) S. Beuno ? *Chante* (dis) ton *Pater* et ton *Credo*, car la mort *t'atteindra* bientôt. —MÉ NÉ DAF. (Id.) Je ne *vais* pas. (Ib. p. 47.) *Pa keid bézi*, *ha* PAN DEIT ? (Id.) Combien de temps *seras-tu*, et quand *reviendras-tu*? (Id.)—PAN DEUAF o *Kaerséon*. (Id.) Quand je

                                                          vertu

vertu d'une règle qui fait mettre au singulier les substantifs qu'ils régissent (1).

Tels sont les caractères généraux de l'orthographe du vocabulaire et de la grammaire des Bretons du vᵉ au xiiᵉ siècle. Il n'en est pas un seul qui ne soit commun aux peuples jumeaux du pays de Galles et de l'Armorique, formant alors une seule famille gouvernée par des chefs de leur sang et de leur langue, et élevée à l'école de leurs bardes nationaux, *ces colonnes de l'existence sociale*, comme les appellent les vieilles lois bretonnes, législateurs à la fois et jurisconsultes de l'état littéraire, et conservateurs de l'idiome celtique. Leurs codes poétiques faisaient autorité des deux côtés du détroit; or ces codes, dont les articles sont rédigés sous forme d'aphorismes appelés triades, contiennent les préceptes suivants :

« Trois éléments constituent la poésie en général : le langage, l'invention et l'art.

» Trois choses excellentes distinguent la poésie parfaite : la simplicité du langage, la simplicité du sujet, la simplicité d'invention. » Horace disait autrement, mais ne disait pas mieux ; quant au langage lui-même, les bardes mettaient au nombre des qualités essentielles qu'il devait avoir : la pureté, la richesse, la propriété des termes ; — la clarté, l'agrément, l'originalité des expressions ; — le naturel, la variété des tournures et l'élégance. Selon eux, l'ordre, la force et l'heureux choix des mots étaient les trois soutiens du langage, et il n'y avait pas de bon style sans construction correcte, sans expressions correctes et sans correcte prononciation, c'est-à-dire, si l'on n'obéissait pas aux lois de la grammaire et du dictionnaire ; et les trois facultés indispensables à l'écrivain devaient être, de bien chanter (bien composer), de bien apprendre et de bien juger (2).

Comme l'*art poétique* des bardes de l'île de Bretagne, leurs chants, dont les paysans armoricains redisent encore quelques-uns, étaient aussi populaires parmi les Bretons d'Armorique que parmi ceux de Galles ; et, avec les missionnaires, Magloire, Samson, Dèvi et mille autres, avec les chefs nationaux, Gradlon, Budic, Houel, Jud-hael et leurs contemporains, avec les bardes Gweznou, Taliésin, Merzin, Hivarnion, Gildas ou Aneurin, saint Sulio et tant d'autres, ils passèrent et repassèrent cent fois la mer sur l'aile du refrain du vᵉ siècle au xiᵉ. Les chants des bardes armoricains avaient le même succès dans l'île, et les plus anciens qui nous sont parvenus attestent une culture non moins soignée, un art aussi savant, et l'identité du langage (3). Cette identité

---

reviens de Kerséon. (Id.)— PAN DEUFONT er kad. (Id.) Quand ils *viendront* au combat. — PAN DEI *Kadwaladr?* (Id.) Quand viendra Cadualader ? — *Arglouiz*, *né* GWIZEM — *Ma té a* KROGASEM;—*Galloudek nefha pép tüd,—Né* GWIZEM *piou* OEZ-*out* (Id.) Seigneur, nous ne savions pas que c'était toi que nous crucifiions ; puissant (souverain) du ciel et de tous les hommes, nous ne savions qui tu étais.

(1) *Deg* BLENEZ *ha deugent.* (Merzin.) Dix ans et quarante (50 ans. Myvir. Arch. p. 135.)

— *Seiz avalen.* Sept pommes. (Id. p. 150.)

(2) *Eeun kana, éeun diski, éeun barnout.* (Myvyrian. Arch. of Wales. T. III. p. 291.)

(3) Elle a vivement frappé les savants du pays de Galles. L'un d'eux, rendant compte de notre BARZAZ-BREIZ, *chants populaires de la Bretagne*, dans une Revue anglaise, l'*Archœologia cambrensis* (Avril 1846. p. 193), s'exprime ainsi : « Ces chants sont accompagnés » d'une traduction française, mais un Gallois » n'aurait nullement besoin de traduction pour

nous a autorisé à regarder comme la propriété des Bretons de France, tout aussi bien que de leurs frères de Galles, les documents de philologie bretonne fournis par les temps que nous venons de traverser, et à en faire usage dans la présente esquisse historique. Au reste, et l'on a pu s'en apercevoir, nous ne nous sommes appuyé que sur ceux qui offraient, par le dialecte, une parfaite conformité avec l'idiome classique de la péninsule armoricaine, le breton de Léon. Mais dorénavant, nous ne pourrons plus nous servir des titres littéraires des Gallois, car tout commerce cesse entre eux et le continent, à dater du milieu du xie siècle. Ils ne parlent plus la même langue, mais deux dialectes qui vont s'éloignant l'un de l'autre, et nous allons perdre le droit de répéter avec le barde gallois Golizan, qui disait, vers l'an 620, des Armoricains : « Ils nous ont envoyé, bien à propos, des auxiliaires tout-puissants. »

TROISIÈME ÉPOQUE.

La cessation de rapports journaliers entre les Bretons de Galles et ceux de l'Armorique ne fut pas le seul signe avant-coureur de la décadence qui commença, pour la langue bretonne, à l'aurore du xiie siècle. Il faut y joindre les alliances de famille des chefs armoricains, soit avec les Angevins, qui, en devenant tuteurs de jeunes princes, de nom et de langue celtiques, devenaient aussi les arbitres des destinées du pays, et profitaient de leur pouvoir momentané pour étouffer au berceau, dans la personne de leurs pupilles, l'espoir de la patrie bretonne ; soit avec les filles de ces Normands dont les ancêtres avaient exterminé une partie de la population de la péninsule, forcé le reste à fuir, réduit en solitude la moitié du pays, et dont les descendants se trouvèrent par hasard, pendant plusieurs années, à la tête du gouvernement en Bretagne. Attirés par leurs compatriotes régnants, Normands et Angevins des hautes classes envahirent la Bretagne, et y portèrent les mœurs et la langue de France. L'avidité avec laquelle les étrangers, qui s'appelaient les uns les autres, se jetèrent sur cette proie, fut telle que les bardes bretons du temps, dans leur énergique et rustique langage, les

» les comprendre ; car où est la différence matérielle entre les strophes suivantes, que nous plaçons en regard les unes des autres, en breton et en gallois ?

BRETON.	GALLOIS.
Gwell eo gwin gwenn bâr	Gwell yw gwin gwyn bâr
Na (éged) mouar !	Na mwyar !
Gwell eo gwin gwenn bâr.	Gwell yw gwin gwyn bâr.
Gwell eo gwin névez	Gwell yw gwin newydd
Oh ! na (éged) mez ;	O ! na medd
Gwell eo gwin névez.	Gwell yw gwin newydd.
Gwell eo gwin ar Gall	Gwell yw gwin Gal
Nag aval ;	Nag aval ;
Gwell eo gwin ar Gall.	Gwell yw gwin Gal.
Gwad ruz ha gwin gwenn,	Gwaed rhudd a gwin gwyn,
Eunn aouen !	Yn awon !
Gwad ruz ha gwin gwenn.	Gwaed rhudd a gwin gwyn.

« Mieux vaut vin blanc de grappe (de raisin) que de mûre ; mieux vaut vin blanc de grappe.

» Mieux vaut vin nouveau que bière ; mieux vaut vin nouveau.

» Mieux vaut vin de Gaulois que de pommes ; mieux vaut vin de Gaulois.

» Sang rouge et vin blanc, une rivière ! sang rouge et vin blanc.»—(Le vin des Gaulois, chant de guerre armoricain, composé au vi^e siècle, suivant M. Augustin Thierry.)

Le rapprochement qu'on vient de faire en dit plus que toutes les réflexions du monde : l'orthographe seule est différente ; quant à la prononciation, elle est la même.

comparent à des vaches et à des taureaux qui s'attirent mutuellement par leurs mugissements dans de grasses prairies (1). On conçoit que les nouveaux chefs du pays n'étaient pas plus désireux de fixer près d'eux les poëtes dont nous parlons, comme faisaient les anciens chefs, que les bardes n'eussent été empressés à venir à leur cour. Le dernier barde royal mentionné par l'histoire de Bretagne, Kadiou, qu'elle appelle le joueur de harpe, fut attaché à la personne du comte de Cornouaille, Hoël, de la race des vieux souverains nationaux, et vivait en 1069 (2). Tous ceux que l'on peut rencontrer depuis lors font partie de la maison de petits chefs de paroisses bretonnes (3), ou sont populaires, et c'est le plus grand nombre (4). Ils se virent, en effet, presque tous privés de patronage naturel, sans asile, sans ressource, et forcés d'aller de porte en porte demandant un moyen de vivre à un art bien déchu de son ancienne splendeur. Leur langue ne l'était pas moins : la chute de l'indépendance bretonne et le passage des Bretons sous le double joug politique des rois anglonormands et français, dont les uns devenaient leurs suzerains et les autres leurs seigneurs directs, et sous celui de l'Eglise de France, par la ruine de la métropole de Dol, lui porta le dernier coup. Déjà bannie de la cour, la langue bretonne le fut bientôt, en Haute-Bretagne, de tous les châteaux des barons, de tous les palais épiscopaux et de toutes les villes dont les habitants voulurent parvenir, se mettre à la mode, ou plaire aux deux souverains. Aussi, fidèle à la tradition de dédain qu'affectaient envers elle, nous l'avons vu, les lettrés, depuis bien des siècles, Abaylard put dire, du haut de son orgueil philosophique : « cette langue, je l'ignore, et elle me fait rougir de honte (5). » Cependant (et c'est le nom de ce moine haut-breton qui nous suggère cette remarque importante), les villes, les évêques et les barons de la Basse-Bretagne ne se jetèrent pas ainsi entre les bras de l'étranger : préservé déjà des envahissements qui avaient commencé, au IXe siècle, la ruine, consommée au XIIe, de la langue celtique, dans les évêchés de Dol, de Saint-Malo, et la moitié de ceux de Vannes et de Saint-Brieuc, leur pays devait à sa position géographique et à la concentration de ses habitants de pure race celtique, de pouvoir lutter avantageusement contre la domination étrangère; les indigènes la repoussèrent, ayant encore à leur tête des chefs de cette terre privilégiée de Léon, qui avait sauvé, grâce à ses anciens souverains, sa liberté et sa langue classique, lors de l'invasion normande ; et ils maintinrent une seconde fois l'une et l'autre dans les pays de Tréguier, de Léon et de Cornouaille. Ici, clergé, noblesse, villes et peuples, toute la population en général, demeurèrent celtiques jusqu'à la fin du XIIIe siècle, et si les influences française et anglo-normande s'y firent partiellement sentir, comme c'était inévitable, elles furent tellement faibles que Guillaume de Malmesbury put dire, au milieu du XIIe siècle, des Bas-Bretons : « qu'ils n'avaient nullement dégénéré ni par la langue, ni par les mœurs des Bre-

---

(1) *Chants populaires de la Bretagne*. T. I. p. 219.

(2) Kadiou citharista. *Cartular. Kemperleg.* Apud D. Morice. *Preuves.* T. I. col. 432.

(3) *Chants populaires de la Bretagne*. T. I. p. 209, et T. II. p. 15.

(4) Ibid. p. 263.

(5) Lingua mihi ignota et turpis. (Epistol.)

tons gallois (1) ; » Giraud de Barry, en 1182 : « qu'un grand nombre
des mots de leur langue, et même presque tous, étaient encore intelligibles pour les Gallois (2); » et, au XIIIᵉ siècle, la chronique de saint Denis,
traduisant un auteur du VIIIᵉ, précédemment cité par nous : « Icèle gent (de
Léon, Tréguier, Cornouaille et partie de Saint-Brieuc et de Vannes) retient
encor la langue des *anciens Bretons*, et cette gent sont ore celles qui sont
appelées *Bretons bretonnants* (3). » Malheureusement l'état de choses dont
nous parlons ne pouvait durer bien longtemps : la croisade de 1247 et les
suivantes, où la noblesse trégorroise, cornouaillaise et léonnaise se jeta
en masse, comme l'attestent des titres récemment découverts, et surtout la sanglante querelle d'un demi-siècle entre les de Blois et les Montfort, qui fit, cent ans après, de la Bretagne, le champ-clos des pré-
tentions françaises et anglo-normandes, furent les deux grandes brèches
par lesquelles le français s'introduisit en Basse-Bretagne : ces guerres mul-
tiplièrent les rapports entre les Bretons bretonnants et les étrangers, les
mêlèrent aux Bretons - Gallos, ruinèrent l'existence d'un grand nombre
de familles nobles de la Basse-Bretagne, qui furent expropriées, ban-
nies ou tuées et remplacées par des Normands, Anglo-Normands, Angevins, Poitevins et Manceaux, tous parlant français, ainsi que leurs vassaux et
serviteurs ; si bien que les Bas-Bretons des classes supérieures, comme
le haut clergé, les barons et les notables des villes, sans cesser de parler leur langue maternelle, se virent insensiblement forcés, pour com-
muniquer avec les nouveaux venus, d'apprendre la langue de France.
Malgré cela, les écrivains du XIVᵉ siècle nous représentent le breton comme l'idiome général des évêchés de Léon, de Cornouaille et de Tréguier (4);
et tandis que, dans celui de Nantes, les statuts synodaux ordonnent aux
prêtres d'instruire les laïques à baptiser en *langue romane*, leur *langue maternelle* (5), en Basse-Bretagne, ils leur prescrivent de baptiser en *langue
bretonne*, en prononçant bien toutes les paroles dans l'*idiome breton*,
ajoutent-ils avec insistance ; « et quand un laïque aura baptisé un enfant,
continuent-ils, le prêtre l'interrogera avec le plus grand soin sur la langue
dont il s'est servi, et s'il reconnaît qu'il a fait usage du *breton*, il approu-
vera le sacrement comme bien administré (6). » A la vérité, il ne s'agit
ici que des laïques, et il y a lieu de croire que les ecclésiastiques étaient
moins fidèles à la langue du pays, car les statuts mentionnés plus haut
reprochent à plusieurs de l'ignorer (7). Ils vont plus loin, et, comme si leur
rédacteur avait gardé l'esprit national de ces chefs bretons qui destituaient
sagement, au IXᵉ siècle, les évêques de langue étrangère, ils portent cet

---

(1) Moribus linguàque nonnihil à nostris britonibus degeneres. (Ed. de Saville. p. 7 et 8.)

(2) Cambris in multis adhùc et ferè cunctis intelligibili. (Giraldus. Cambriæ descriptio. c. 6.)

(3) Vid. suprà. p. xx. Note 1.

(4) Froissard. Edition de Buchon.

(5) Romano verbo, seu linguâ maternâ. (Ap. D. Morice. *Preuves.* T. I.)

(6) Doceantur laici à presbyteris... baptizare debere... in lingua *britonica*... omnia verba proferantur *sermone britannico*... Et quandò laicus puerum baptizaverit, sacerdos diligenter interroget quid factum fuerit et quid dictum, et si invenerit in *lingua britonica* integrè et debito modo verba sacramenti protulisse, approbet factum. (*Ibid.*)

(7) Rectores nonnulli idioma *vulgare britannicum* ignorantes. (Lobineau. *Preuves.* T. II, col. 1609.)

arrêt remarquable : « Ayant appris que quelques recteurs (curés), ignorant l'idiome vulgaire des Bretons, ont obtenu des églises paroissiales
contre les dispositions du droit et les statuts de la province, nous leur
enjoignons de résigner leurs églises entre les mains de l'ordinaire (1). »
On le voit, ce n'était au moins pas sans résistance que l'idiome étranger pénétrait en Basse-Bretagne; chose remarquable! il en éprouvait
même de la part de plusieurs de ceux qui le savaient. « Quoique beaucoup d'entre les *Bretons bretonnants* sachent le français, disait, au xve
siècle, le biographe de saint Vincent-Ferrier, un grand nombre pourtant
ne veulent parler que leur langue (2). » Grâce à cette résistance, le breton qui était, avec le latin, l'idiome officiel des statuts synodaux, au
xiiie, xive et xve siècle (3), était encore employé dans les actes en 1441 (4),
dans les livres d'heures de la noblesse en 1486, à l'exclusion du français (5),
et il ne perdit pas ses limites du xiie siècle; quatre cents ans après, elles
étaient encore les mêmes. Alain Bouchart, en 1490, nous les indique avec
précision : « En troys éveschez d'icelle province, fait-il observer, comme
Dol, Rennes, Saint-Malo, on parle le langage françois; en troys autres,
Cornouaille, Saint-Pôl-de-Léon et Tréguier, on ne parle que breton; et
en Vannes, Saint-Brieuc et Nantes (le bourg de Batz et ses environs, fief
de Cornouaille), on parle communément françois et breton. » De sorte
qu'une ligne tirée de l'embouchure de la Vilaine à l'Océan, près de
Châtelaudren, et passant par Elven et Loudéac, séparerait assez bien
les Bretons bretonnants et les Bretons gallos, et préciserait la géographie de la langue bretonne, au point où nous sommes arrivés. Au-delà
de cette ligne, le breton était l'idiome de la nation prise en masse; en
deçà, on parlait généralement une espèce de patois roman.

Il nous reste à étudier, comme précédemment, les monuments écrits
de la langue bretonne, pendant la période qui nous occupe.

Quoiqu'ils soient plus nombreux qu'on ne le pense communément et
que j'en puisse citer plusieurs, je me borne à choisir pour sujet d'examen
les suivants :

1° Le *Brud er bréhined énez Bretaen* ou la Chronique des rois de l'île de
Bretagne, ouvrage en prose, composé au viiie siècle, au monastère de Gaël,
en Armorique, par saint Sulio ou S. Y-Sulio, et remanié au xiie, en Galles (6).

2° La *Buhez santez Nonn* ou la Vie de sainte Nonne, mise en vers sous la
forme d'un *mystère*, ouvrage dont la première et la seconde partie sont du
xiiie siècle; la troisième, concernant l'épiscopat et la mort de saint Dè-

---

(1) His præcipimus ut ecclesias resignent in
manibus ordinarii. (D. Lobineau. T. II, col.
1609.)
(2) Sunt quidam populi quos Galli vocant
Britones britonizantes... quamvis plurimi eo-
rum Gallorum linguâ loqui sciant, multi ta-
men non nisi suâ linguâ loquuntur. (Bolland.
5 april. T. I. p. 495.)
(3) J'ai entre les mains, dit le P. Grégoire,
les statuts synodaux de Léon, du xiiie, xive et
xve siècle, sur vélin, en latin et en breton.
(Dict. Préface, p. 9.)

(4) Il est référé dans une production du 15
mars 1571 et décrit de la manière suivante :
« Livre en latin et en *breton*, contenant tous
les cours des dîmes, en chacune paroisse, par
ordre, avec les noms des sujets audit devoir,
etc. » (Lanjuinais. *Mémoire sur l'origine des
dîmes.* Rennes. Vatar. 1776.)
(5) Voyez plus loin.
(6) Musée britannique. Biblioth. Coton.
Mss in-4° vel. Cleop. B. C. 5. 19. A, publié,
d'après un autre manuscrit moins ancien,
dans l'*Archæol. of Wales.* T. II, p. 81.

vi, fils de sainte Nonne, du xive, et empruntée à la *Chronique* que nous venons de citer, comme le second auteur l'annonce lui-même (1).

3° Une espèce de grammaire latine et bretonne élémentaire, à l'usage du clergé armoricain, dont le manuscrit est du xive siècle (2).

4° Trois dictionnaires breton-français-latin, l'un, manuscrit, de Jean Lagadeuc, du diocèse de Tréguier, terminé en l'année 1464, et fait sur le modèle d'un plus ancien, du même genre, de son compatriote frère Jean Iannens (3); l'autre, imprimé sous le titre de *Catholicon*, en 1499, et qui n'est que l'ouvrage du premier complété; le troisième, *construit, compilé et intitulé par noble et vénérable maistre* Auffret de Quoatquevran, chanoine de Tréguier, sous le titre aussi de *Catholicon* (4).

5° Un livre d'heures en latin et en breton (*Heuriou enn latin hag enn brezonek*), édition de luxe, à l'usage de la noblesse de Cornouaille, de Léon et de Tréguier, contenant, en vers bretons, les principales prières de l'Eglise, et des chants sacrés, qui, d'après le calendrier (car le premier folio manque), a été imprimé en 1486 (5).

Si les titres littéraires des Bretons du ve au xiie siècle constatent une ère brillante, ceux que nous venons de passer en revue, à l'exception du premier, qui appartient au passé, marquent une époque de décadence : orthographe, vocabulaire, grammaire, tout en porte l'empreinte.

De l'an 1100 à l'an 1300, ou environ, l'orthographe bretonne de la fin du xie siècle, dont nous avons indiqué précédemment les caractères, se modifia peu : nous en pouvons juger par la manière dont les noms celtiques sont écrits dans les Cartulaires de Redon, de Landevenec et de Quimperlé, et par les titres des Croisades récemment découverts. Le seul changement qu'on y trouve est l'heureuse introduction du *k*, dans l'alphabet, en remplacement du *c*, lettre trompeuse, d'un son double, qui tend à disparaître à mesure qu'on s'éloigne des premiers temps (6); l'emploi de la diphtongue *ou* au lieu de *u*, et du *w* au lieu de cette dernière lettre (7); de l'*i* au lieu de l'*u*, qui le figurait fort mal, et au lieu de l'*y*, lettre inutile; d'*e* au lieu d'*i*, quand le son de la première est un des deux *e* de l'alphabet français (8); enfin, de *dd*, de *d*, de *dh*, de *th*, de *s* et de *z*, *ad libitum*, pour rendre les dentales aspirées ꝺ et θ (9).

Mais, à partir du milieu du xive siècle, l'influence française se fait sentir d'une manière fâcheuse dans l'orthographe des Bretons. Leur alpha-

(1) P. 202. — Ce mystère a été traduit par Le Gonidec. Paris. Merlin. 1837.

(2) Musée brit. Biblioth. Coton. Cléop. N. E. B. 5. 9.

(3) Bibl. royale. Fonds Lancelot, n° 160.

(4) Jéhan Calvez. Tréguier. 1499.

(5) Dans la biblioth. de M. le comte de Kergariou, à la Grand'Ville.

(6) Le Cartulaire de Redon écrit *riskipoé*. *Kint-wallon. Kalanhedre*. (Ap. De Courson, Histoire des peuples Bretons. T. I. p. 394.) *Kenetlor*. (Ibid. p. 396.) *Kerwigar*. (Ibid. p. 398.) — Le titre des Croisades de la famille de Kergariou porte *kaerkariou*; celui des Carcoet, *kaerkoet*.

(7) *Wrken*, au lieu de *urken* (Cart. Rhed. Ibid. p. 420); et *aourken*, au lieu de *aurken* (Ibid.) *Wenrann*, au lieu de *uenrann*. *Warhen*, au lieu de *uarhen*. (Cart. Land. fol. 150 et 146.)

(8) *Oedd* pour *oid*, usité antérieurement. Guillaume Le Breton (1180) écrit *oedd : mech* (mez) *oedd*, dit-il, quod interpretatur, *pudor fuit*, honte fut; on dit maintenant *oé*.

(9) *Hirgard* pour *hirgars*. (Cart. Landev. fôl. 143 verso.) *Drem rúd* pour *drem rúz*. (Ibid. fol. 164.) *Morwethen* pour *morwézen*. *Merthin* pour *Merzin*. Terra de *Puz* pour de *Pud* ou de *Pudd* ou de *Pudh*, comme on écrivait avant. (De Courson, loco cit. p. 404. — *Siz*. Idem. Ibid. p. 408.) *Seidhun* pour *seizun*. (Cart. Landev. fol. 142 recto.)

bet s'enrichit de quatre lettres : *q* , *j* , *y* et *x*, parfaitement inutiles, puis-qu'elles sont fort bien figurées , la première par *k* , la seconde et la troi-sième par *i*, et que le son de la quatrième n'existe pas dans les langues celtiques.

De plus, le *g* breton, toujours dur jusque-là, et qui faisait éviter l'introduction d'un *u* trompeur devant les voyelles *e* et *i*, est employé par fois pour peindre le son du *j* français ; et la double lettre *ch* , déjà en usage pour rendre le son celtique χ , est introduite dans l'alphabet breton pour figurer le son du *ch* français , précédemment inconnu comme le *j*. Dès lors , et toujours sous l'influence étrangère , le *k* et le *w*, lettres si nécessaires au breton , ne paraissent plus qu'exceptionnellement dans les écrits (1), et les dentales aspirées ð et θ y sont représentées soit par *çç* soit par *çz* (2).

La même influence agit non moins puissamment sur le vocabulaire armoricain. On s'étonne du nombre prodigieux de mots , soit latins , avec la forme altérée qu'emploient les trouvères , soit romans, ou purs ou avec des terminaisons bretonnes , dont fourmillent les ouvrages bretons depuis le commencement du xiiiᵉ siècle (3).

Le dépouillement du vocabulaire de sainte Nonne , de la grammaire latine-bretonne , des trois dictionnaires et des heures bretonnes et latines mentionnées plus haut, prouve un parti pris de *franciser*, car la plu-part des mots empruntés ont leurs équivalents nationaux (4). Ce dépouil-lement constate de plus des pertes énormes en fait de termes originaux. Heureusement , l'influence dont je parle n'a pas été assez forte pour chan-

(1) Ils n'ont pourtant pas disparu de l'alpha-bet , car le copiste de sainte Nonne écrit *De-wy* (p. 1). *Wmendi* (p. 118). — *Knech* (p. 54). *Kaer* (p. 162).

(2) Ainsi les auteurs écrivent *graçç* (Ste Nonne, p. 94), le mot qui précédemment s'é-crivait *grâd* et *grâdh*, et qui s'écrit aujour-d'hui *gras*; *orçza* (Ibid. p. 24), le mot qui s'orthographiait aux siècles précédents *ardha* ou *wardha* , et qui s'orthographie maintenant *warzė* ou *arsa*.

(3) On peut ouvrir au hasard tous les livres bretons du xiiiᵉ au xvᵉ siècle ; je ne veux point bigarrer ces pages d'exemples trop fa-ciles à trouver.

(4) Ainsi l'auteur du mystère de sainte Nonne (p. 12) emploie le verbe *rescuscitaff* (sic) , et , dans la même page, son équivalent celtique *dascorc'haz* (sic) pour *dazorc'haz*. Ainsi il use indifféremment du mot BONJOUR et de *déz mât d'é-hoc'h* (p. 138 et 140.) Ainsi il se sert du mot latin *incantator* (p. 82), enchanteur, et La-gadeuc , du roman *achantour* , au lieu du mot breton *kelc'hier* , alors en usage comme au-jourd'hui. Ce dernier fait encore usage des mots *épistolen* (d'epistola) , épitre ; *affin* (d'af-finis), parent ; *abondant* (d'abundans), *abo-minabl* (d'abominabilis), *appert* (d'apertus), etc. , etc. ; au lieu de *lizer* , de *nés* , de *kaou-gañt* , de *eñzuz* et de *anat* , vraies expres-

sions bretonnes. Voici , avec son orthographe arbitraire, un échantillon de ce jargon mixte : c'est la paraphrase de la première partie de l'*Ave , Maria* , tirée des *Heuriou brezonek ha latin* :

> *Mé ho* SALUT *, laouen a* FAÇÇ *,*
> *Mari guerc'hez , so leun a* GRAÇZ *:*
> *Enn ho coff* EXEMPT *a péc'het*
> *Ez vézo* CONCEPVET *Salver an bed.*
> *An froez ho coff so benniguet* , etc.

Je vous salue , joyeux de visage , Marie vierge , qui êtes pleine de grâce ; dans votre sein , exempt de péché, sera conçu le Sauveur du monde. Le fruit de votre ventre est béni. (Fol. vj.)

Dans Ste Nonne (1ʳᵉ partie. xiiiᵉ sᵉ p. 18) , le premier vers est écrit :

> *Me hoz salut , louen en façç.*

Il est curieux de comparer cette citation avec la suivante , qui est l'*Ave , Maria* , en prose , usité avant le xiiᵉ siècle :

Ann péoc'h gwell, Maïr (Mari), *kel laun* (leûn) *o* (a) *gradh* (gras), *Dev* (Doué) (eo) *ged-it-té* (gen-it-té), *bendiget* (benniget) *out enn mesk er gouragez ; ha bendigedig* (bennigédik) *eo frouez të kov-té, Iesu.* (Myvyr. arch. T. I. p. 559.) On retrouve ici le véritable salut celtique *Ann péoc'h gwell* (la paix la meilleure à vous), rem-placé au xiiiᵉ siècle par le mot roman *salut.*

ger, en les oblitérant, la structure même des expressions bretonnes, et
qu'elles ont gardé leur ampleur, leurs fortes désinences, et, si j'ose dire,
leur vigoureuse charpente primitive. Elle n'a pas attaqué davantage ces
liens presque insaisissables qui enchaînent entre elles les idées, je veux
dire les règles du langage. La grammaire bretonne du xv⁵ siècle est
exactement ce qu'elle était au v⁵ : même système de déclinaison, à l'aide
d'articles et de prépositions (1), même forme double de conjugaison, au
personnel et à l'impersonnel, pour l'actif et le passif (2) ; même inobser-
vation des règles de permutation des consonnes, suivies dans la langue
parlée. Quant à la combinaison des mots, ce qui est fort différents des
lois grammaticales, et arbitraire en soi, il y a quelques légères modifications, comme il y en a, et c'est la plus grande dans le vocabulaire et
l'orthographe, ainsi que je l'ai dit ; mais, hors de là, nulle différence.
En purgeant les textes sur lesquels je m'appuie, de mots d'importation
étrangère, et les remplaçant par les vraies expressions celtiques, en les
écrivant dans une orthographe méthodique, régulière et conforme au
génie du breton, ou simplement en les rapprochant, quand cela est possible, de textes identiques antérieurs au xii⁵ siècle, on acquerrait la preuve
de ce que j'avance (3). Seul, le *Brud er brénined*, grâce aux époques recu-
lées où il a été composé et remanié, n'aurait, bien entendu sous le rapport de la langue, aucune correction à subir (4).

Cette précieuse chronique, dont l'original armoricain fut transporté
dans le pays de Galles par le gallois Walter Calenius, en l'année 1125,
et y devint le fondement de toutes les histoires en langue nationale qu'on
y écrivit depuis, eut sans doute produit le même mouvement historique
dans notre Bretagne française, et conservé, pour l'orthographe et le langage, les bonnes traditions du passé. Un autre ouvrage breton-armoricain,

---

(1) AN *bet*, le monde (Ste Nonne. p. 2.) Eux
(euz) A *hanen*, DE ce lieu-ci (Ib. p. 4). *Ouz-iff*
(ouz-in) DE moi (Ib. p. 4). *Leun* AH A *glac'har*,
plein de chagrin (Ib. p. 8). DA *tregont blizien*
(Ib. p. 4). A trente ans. *Dit* (pour *da it*). A toi
(Ib. p. 6), etc.

(2) ME EO *Merlin* AM EUX (euz) *vaticinet. Je
suis* Merlin qui *ai prédit* (Ib. p. 48). TE, *Runiter*... A LAZIFF. Runiter, *je te tuerai* (Ib. p.
10). *Aman*... A VOE SEBELIET, A CREDAFF ; ici,
il a été enterré, je crois.—*Delc'her*, qu'il *soit
tenu* (p. 6). Il serait facile de multiplier les
exemples pour tous les autres temps des
verbes.

(3) On va en juger par l'Oraison dominicale,
telle qu'elle est donnée dans les *Heures bretonnes et latines* du xv⁵ siècle, et telle qu'elle était
avant le xii⁵. Je conserve à chacune sa physionomie orthographique. Voici la plus moderne :
*Hon tât pchenni so enn neffuou ; bezet hoz
hanô* SANTIFIET ; *deuet deomp hel hoz roente-
lez ; evel en neff uar en douar da vezo graet ho*
VOLONTEZ ; *roit don corffou an bara* MATERIEL,
don eneffou an bara CELESTIEL, *hiziu ;* PARDON-
NET *dimp hon pec'hedou evel maz* PARDONNOMP

*don nessafu ha don dleourien ; ha non dilaez
da vezout templet ; hoguen hon* DILIVRET *uez hon
oll anquen. Evelse bezet graet.* (Heuriou. f. vj.)

Voici maintenant le *Pater* d'avant le xii⁵ siècle :
Hein (hon) *tâd er houn oud enn nefouez,* SANK-
TIDIER *të heno ; deuet të tiernaz ; gouneller të
ioul, megis* (égiz) *enn nef ar douar ivez ; ro
do i-ni heziu* (hiziou) *hein bara pemdeziol* (pem-
désiek) *; ha mazeu i-ni* (d'hon-ni) *hein delc-
diou* (dléou) *'vel e mazeuom-ni i'n deledouir*
(d'hon dléourien). *Ha nag arouin ni e prove-
digaez ; eisr gwarez-ni rag droug. 'Vel-hen bezet.* (Myvyrian. Arch. T. I. p. 558.)

(4) Il commence par ces mots : *El lever* (levr)
a gelver ë (ar) *Brûd, ned amgen* (ned eo né-
mét) *istoriaou Brénined ènez Bretaeñ hag heu*
(hô) *henôiou* (hanôiou) *o'r* (oc'h ar) *keñtaf héd
ë* (ann) *divézaf... Bretaeñ a gelvet gwech arall
Albion*, etc. « Le livre qui est nommé le *Brut*
(tradition) n'est que les histoires des princes de
l'île de Bretagne et leurs noms, du premier au
dernier... La Bretagne était nommée autrefois
Albion, etc. (Musée Britann. Biblioth. Coton.
Cleop. B. 5, 19. A. col. I. verso.)

plus important encore, LES SAINTES-ECRITURES, traduites par ordre de la duchesse Anne de Bretagne (1), et que le clergé du pays crut devoir se laisser enlever par les Bretons-Gallois réformés (2) qui l'imprimèrent à Londres, servit aussi de modèle aux traductions galloises de la *Bible*, malgré les efforts d'Henri VIII, qui en fit brûler presque tous les exemplaires (3). Publié en France, comme le désirait l'auteur, et resté en Bretagne, cet inappréciable livre, en offrant à la piété des habitants un aliment quotidien aussi utile qu'agréable, aurait prévenu la décadence de l'idiome national. Mais le clergé en empêcha même la rentrée : il faut juger suspecte, disait-il, une translation, laquelle, pour l'imperfection de la langue, ne se peut bonnement faire sans erreur et corruption, et mettre le salut de la foi au-dessus de celui de la langue bretonne. (4) En réalité, toutes deux n'eussent pu que gagner à cette traduction des Ecritures en langue vulgaire, d'autant plus qu'elle était *sans aucune altération*, selon le témoignage formel du P. Grégoire, qui l'a eue entre les mains (5). Or, elles perdirent toutes deux en la perdant, comme nous le verrons bientôt.

QUATRIEME ÉPOQUE.

Nous avons dit que les Croisades du XIIIe siècle et les guerres du XIVe ouvrirent la Basse-Bretagne à la langue française ; un grand événement qui eut lieu à la fin du siècle suivant, lui fit faire de nouveaux progrès dans ce pays : je veux parler du passage des Bretons sous l'autorité immédiate des rois de France, par leur union au royaume en 1499. La politique française y travaillait depuis longtemps ; Louis XI ordonnait de *gagner* doucement, une à une, *les bonnes villes de Bretagne*, et voulait en renouveler ou du moins en mêler assez la population, pour que la langue et les idées françaises, qui y avaient déjà pénétré, y dominassent ; aussi voyons-nous les poëtes populaires bretons du temps poursuivre de leurs malédictions les habitants des villes, « ces gentilshommes *nouveaux*,» comme ils les appellent, « ces *aventuriers gaulois*, ces bâtards étrangers qui ne sont pas plus Bretons, » font-ils observer dans leur langage poétique et original, « pas plus Bretons que n'est colombe la vipère éclose au nid de la colombe (6). » En même temps, on minait sourdement la langue nationale, dans les châteaux, en attirant en France, par l'appât de charges à la cour, la jeune noblesse et l'âge mûr, qui, de retour en Bretagne, y rapportaient la langue et les mœurs étrangères, pour lesquelles on s'était efforcé de leur donner du goût. La création à Paris, à Bordeaux, à Rennes et ailleurs, de colléges spécialement desti-

---

(1) Longuerana, p. 221.
(2) Giles de Kerampuil, recteur de Cléden-Poher, traduction bretonne du Catéchisme latin du P. Canisius. Préface.—Paris. Jacques Keruer. 1576.

(3) Myvyrian Arch. of Wales. Préface. p. 10.
(4) Giles de Kerampuil. Ibidem.
(5) Dictionnaire breton-celtique. Préf. p. 9.
(6) BARZAZ-BREIZ, *Chants populaires de la Bretagne*. (édit. de 1846.) T. II. p.23.

nés aux jeunes Bretons jaloux de s'instruire dans l'étude des lettres humaines ou d'étudier la théologie sous des maîtres savants, fut le troisième coup porté à l'idiome national ; le clergé surtout le ressentit vivement : un de ses membres, après un long séjour en France, voulant apprendre le français à ses compatriotes, composa le premier grand dictionnaire breton-français qui ait été fait , et , dans sa préface, il donna pour raison « qu'il faut que les *clercs* sachent le français » (1). Cette tentative si caractéristique fut suivie de trois autres du même genre , l'année même de l'union de la Bretagne à la France (2). A dater de cette époque , le français, qui était déjà l'idiome officiel de l'administration en Basse-Bretagne , devint peu à peu le langage de société des habitants du pays qui prétendirent au bon ton et aux belles manières ; tandis que le breton , qui était la première langue bégayée par les enfants, resta celle du foyer , des relations des seigneurs avec leurs vassaux et domestiques, du bas clergé et du peuple des villes et des campagnes en masse. On se servit de l'une et de l'autre, si j'ose dire , comme de deux habits , dont l'un se porte en visite, l'autre à la maison. Un résultat semblable était de nature à satisfaire toute politique éclairée ; mais il ne parut pas suffisant à ceux des Bretons qui rougissaient, avec Abaylard, de l'idiome de leurs ancêtres. *O aurium humanarum superbissimum judicium* (3) ! « O superbes arrêts des oreilles humaines !»

Les habitants de la Basse-Bretagne n'étant pas , disait-on , confirmés *bons Français* (4) , on voulut détruire leur langue et on l'attaqua de tous côtés. Des moines *Gallos*, supérieurs de l'ordre prêcheur des Récollets, donnèrent le signal en l'année 1539. Maîtres du gouvernement spirituel de la province où ils occupaient les charges principales de leur ordre , à l'exclusion des Bretons bretonnants , ils mirent tout en œuvre pour forcer leurs frères récalcitrants de la Basse-Bretagne à employer le français dans la prédication, à l'exclusion du breton , « les tenant, dit un des opprimés , dans une captivité pareille à celle des Israélites sous la tyrannie des Egyptiens (5). » La lutte fut si longue qu'elle dura cent vingt-cinq ans, si vive que l'autorité du Souverain Pontife dut intervenir , pour ramener la paix et fixer les limites naturelles des deux idiomes rivaux (6). Une guerre pareille, non plus, il est vrai, entre le breton et le français, mais entre le breton francisé des villes et le breton rustique, éclatait en même temps. Les riches bourgeois qui parlaient le premier et qui joignaient ensemble au hasard les expressions françaises qui leur venaient à la bouche, cherchant à mettre dans leurs discours le peu de français qu'ils savaient, afin d'imiter les grands et de passer pour des gens comme il faut, traitaient de grossier et de barbare l'idiome pur des campagnes, l'accusaient d'être inintelligible et suranné , fuyaient les prédicateurs qui l'employaient, et quel-

---

(1) Quoniàm clerici indigent *gallicâ*. (Lagadeuc. Dictionnaire. Préface.)

(2) Voy. p. xxxiv.

(3) Ciceron.

(4) *Lettres de la reine de Navarre.* Lettre xcix. p. 163 , datée de la Basse-Bretagne et d'octobre 1537.

(5) *Factum* du procès des religieux de la province des Récollets de Bretagne, p. 4.

(6) *Auditâ controversiâ* , 10 avril 1671. Copie de la sentence.

quefois les faisaient chasser loin des villes, par leurs pasteurs ou leurs évêques (1). La haute magistrature du pays résidant à Rennes, leur servait d'auxiliaires; poursuivant l'œuvre des moines Récollets *Gallos*, elle publiait des ordonnances sévères (2), renouvelées aux xviie et xviiie siècles (3), qui abolissaient le théâtre national où les Bretons de toutes les classes, gens d'Eglise, nobles, bourgeois et peuple (4), venaient puiser, aux grandes fêtes, un enseignement religieux et moral donné dans un idiome que les parlements croyaient étouffer avec les représentations dramatiques. De plus, ils encourageaient les auteurs d'une foule d'ouvrages en jargon mixte, tels que des *manuels de conversation*(5), et d'autres livres destinés à corrompre le breton. S'imaginaient-ils qu'en introduisant un grand nombre de barbarismes français dans cette langue, ils apprendraient le français aux habitants de l'Armorique? Ils ne parvinrent qu'à créer des patois divers et le peuple des villes délaissa peu à peu une langue qu'il parlait correctement pour une autre qu'il ne possédera jamais bien. Les classes supérieures, elles aussi, commencèrent à abandonner, sans aucun avantage, l'idiome de leurs pères dont elles se servaient, depuis la fin du xvie siècle, concurremment avec l'idiome nouveau. Bientôt, il fut méprisé d'elles; la mode l'exigea; on trouva de bon goût d'anathématiser le modeste compétiteur du français : « Il se meurt, disaient les uns; quelle peut être la nécessité ou l'utilité de le conserver ? disaient d'autres ; il n'est d'usage que dans quelques recoins de France et d'Angleterre : on devrait plutôt l'abolir. » Tels étaient, selon Grégoire de Rostrenen, les discours ordinaires. On les assaisonna de grossières plaisanteries. Les mots bretons les plus usuels devinrent des sobriquets burlesques qu'on prodigua aux gens qui ne savaient pas le français. On les appela *guas* (du breton *gwaz*, vassal), *pautres* et *peautraille*, populace (6) (du breton *pôtr*, valet), *pétras*, lourdaud (du breton *pétra?* quoi ?) *bara-ségal*, c'est-à-dire mangeurs de pain de seigle; et l'on employa pour désigner leur langue, ainsi que tout idiome corrompu et inintelligible, le substantif *baragouin* et le verbe *baragouiner*, formés des mots *bara*, pain, et *gwîn*, vin, qu'ils avaient le plus souvent à la bouche, absolument comme les Croisés employèrent les mots arabes *salamalek* (la paix soit avec vous), dont se servent les Orientaux quand ils saluent, et dont nous nous servons encore en plaisantant. Ces expressions, et une foule d'autres que je pourrais citer, figurent dans mille chansons

---

(1) Vie de Michel Le Nobletz (Edit. de 1666), p. 151, 173 et 265.

(2) Cinquante livres d'amende contre chacun des acteurs, et pareille peine contre les ouvriers qui avaient travaillé à dresser le théâtre, et contre toutes les personnes qui avaient prêté leur champ, leur maison, ou des costumes aux acteurs.

(3) *Recueil des arrêts du Parlement de Bretagne.* P. 555, 56, 57.

(4) *Otronez a Iliz, noblañs ha bourc'hisien,*

Ha c'houi ivéz, *komun*, mé hô péd, klévet
  krenn
Ar péz hon déveûz c'hoañt da zoñt da
  zisklérian,
Ma hon bé sklérijen digañd ar Spéred-
  Glân.
      (*Mystère de S. Pierre et de S.
        Paul.* Prologue.)

(5) Les *Colloques de Quicquier*, etc. Morlaix, 1632. St-Brieuc,1640, Quimper,1671 et 1679.

(6) Voyez le dictionnaire de Boiste, à ce mot barbare.

composées contre les Bretons bretonnants., du xvɪ siècle à la fin du xvɪɪɪ*
(1). Le ridicule qu'elles jetaient sur eux, et qu'ils n'eurent pas toujours le
courage de braver, fit à leur idiome national une blessure profonde, élargie,
à cette dernière époque, par la révolution française, et qui saigne encore.

Je viens d'accuser les Bretons d'avoir manqué de courage en ne résis-
tant pas aux attaques dirigées contre leur langue; ce reproche est loin
d'avoir été mérité par tous : une réaction mémorable eut lieu, dont il me
reste à entretenir le lecteur. Elle date de la mort de la duchesse Anne, et
plus particulièrement, de l'année 1532, où fut consommée l'union de la
Bretagne à la France. Fatiguée d'une guerre sans cesse renaissante, et voyant
luire, avec le règne de leur jeune duchesse, l'aurore d'un avenir meilleur, la nation bretonne s'était laissé fiancer au royaume de France ; mais,
si la masse du peuple accepta ce joug nuptial avec joie, plusieurs
gardèrent des regrets au fond du cœur ; quand la duchesse mourut,
ils cherchèrent secrètement l'occasion de reconquérir leur indépendance,
et la Ligue, à laquelle ils rattachèrent leur cause, devait leur en offrir
une à la fin du xvɪ* siècle. Le mépris qu'affectaient pour leurs coutumes
nationales les Français venus en Bretagne, ou les Bretons infidèles à la
langue du pays, et les efforts qu'ils faisaient pour les avilir, redoublèrent
l'opiniâtreté que mirent les Bretons bretonnants à les maintenir. Comme
nous l'avons vu, la poésie populaire prêtait son appui constant aux
sentiments patriotiques, en maudissant la *vipère* gauloise éclose au nid
de la colombe armoricaine. Toujours sur la brèche, l'arme au bras, l'œil
éveillé, l'oreille au guet, prête à crier *qui vive* et à lancer sa flèche
à l'ennemi, elle continuait à jouer un grand rôle dans toutes les affaires
du pays ; pas un événement de quelque importance qui ne fût annoncé,
loué ou blâmé par les poëtes nationaux ; pas un sentiment dont ils ne
se fissent l'organe dès sa naissance; leurs chants, circulant rapidement de
manoir en manoir, de bourgade en bourgade et de chaumière en chaumière, faisaient l'office de papiers publics ; et partout où la langue du
berceau était celle de la famille, le peuple, regrettant les jours de son
indépendance, répétait cet énergique refrain qui devait être le cri
de guerre des ligueurs bretons : *Jamais, non, jamais, la génisse
ne s'alliera au loup* (2) ! Les auteurs dramatiques secondaient acti-
vement l'élan national donné par les chanteurs populaires; aussi est-
ce l'époque florissante du théâtre breton : le nombre de mystères et
d'autres pièces du même genre qui nous restent dépassent cent cinquante ;
jamais, dans aucun siècle, on n'en composa autant en Basse-Bretagne.
Celles qui avaient le mieux réussi étaient publiées, soit à Tréguier, soit

---

(1) Qui ne se rappelle celle qui commence   Et qui finit par ceux-ci :
par le vers :
    C'est un *Pétra*   *Baragouinez, guas*
    Que je tiens, que je mène,   De Basse-Bretagne,
    C'est un *Pétra*   *Baragouinez, guas,*
    Que je tiens par le bras.   Tant qu'il vous plaira.
    Tu danseras, *Bara-Ségal*,
    Tu danseras, vilain *Pétra*.   (2) BARZAZ-BREIZ. T. II. p. 89.

à Morlaix, soit à Paris, où des imprimeurs bretons dévoués à leur langue maternelle, mettaient avec enthousiasme leurs presses au service de la renaissance intellectuelle et nationale. Les religieux eux-mêmes, comme l'attestent les livres bretons imprimés à Morlaix, au couvent de Cuburien, ne voulaient pas rester en dehors du mouvement général et luttaient avec la presse, afin de réagir contre les efforts tentés par les moines *gallos*, pour leur imposer la langue française et abolir celle qu'ils parlaient. D'un autre côté, les habitants de quelques villes de Basse-Bretagne, et notamment de Brest, s'obstinaient, nous l'avons dit, à n'être pas Français (1); et ceux de certaines paroisses rurales, voyant que leurs recteurs, malgré les statuts de la province, ignoraient la langue bretonne, refusaient de leur payer la dîme qu'ils ne leur devaient qu'à ce prix (2).

Mais bientôt (1577) allait naître, dans un château de l'évêché de Léon, au centre même du breton attique, l'homme illustre qui devait étendre et diriger le mouvement national. Ce que fit, à l'aide de cette langue, pendant plus d'un demi-siècle, pour la civilisation bretonne, Michel Le Nobletz de Kerodern, le dernier apôtre de l'Armorique, est vraiment prodigieux. Riche et d'une ancienne famille noble du pays, il commença par distribuer son bien aux pauvres, aux veuves, aux orphelins et aux malades, pour être dégagé de tout lien terrestre et agir plus sûrement sur la multitude. Puis, le bâton à la main, il allait par les villes, les bourgades et les villages de Basse-Bretagne, ou bien il passait en bateau dans les îles voisines des côtes, prêchant, instruisant les petits et les grands, recevant les confidences des cœurs malheureux ou coupables, et rendant le peuple meilleur en le consolant. Sa manière de parler était très-propre à produire un grand effet. Il se servait, dit son biographe, d'une grande simplicité de discours, et des termes les plus communs et les plus intelligibles; il tirait ses paraboles et ses comparaisons de l'art ou de la profession de chacun de ceux à qui il s'adressait. Il employait souvent certains proverbes, certaines images, certaines expressions vulgaires, pour faire plus d'impression sur la mémoire et l'imagination de ceux qu'il prêchait. Non content de prêcher, il appela la poésie à l'aide de son apostolat national. Il composa des chants religieux qui instruisaient les plus simples d'une manière aussi utile qu'agréable (3). D'abord traditionnels, comme tous ceux que savait le peuple, il les écrivit plus tard et en fit faire des milliers de copies, pour les distribuer à ses disciples (4). Ce fut une des pieuses industries qui lui réussirent le mieux; par ses chants, il sanctifia les boutiques des marchands et des artisans, le travail des laboureurs et les barques des matelots et des pêcheurs (5). Ils devinrent si populaires, qu'on n'entendait autre chose à la campagne, parmi les cultivateurs et les pâtres, dans les maisons, parmi ceux qui travaillaient ensemble à faire des filets, et sur la mer parmi les mariniers; ils étaient si goûtés, qu'on voyait accourir une

---

(1) Voyez plus haut, p. xxxviij.
(2) Arrêt de l'an 1565, contre le recteur du bourg de Paul-Muzillac, maistre Jean Guicho. (Sauvageau. L. I. ch. 204.)

(3) Vie de Michel Le Nobletz, p. 286.
(4) Ibid. p. 351.
(5) Ibid. p. 350.

multitude de personnes de quinze et vingt lieues à la ronde , pour les apprendre (1). Dans les îles , comme la plus grande partie des habitants étaient occupés à la pêche , le saint barde les suivait au large , où il les trouvait réunis en grand nombre , et , montant sur le plus élevé de leurs bateaux , il charmait leurs travaux par ses chants (2). Lorsque l'œuvre de Dieu était accomplie dans un évêché , et que la Providence l'appelait ailleurs , le désespoir des habitants était tel , et il s'élevait de tels cris , qu'on eût jugé que ce pauvre peuple perdait tout son bonheur et toutes ses espérances (3). Alors , c'était ordinairement la calomnie , l'envie ou un esprit d'opposition anti-nationale à la culture du breton qui chassaient le pieux missionnaire. Chose inouïe , mais qui n'a pas été sans exemple , quelques ecclésiastiques auxquels ses succès faisaient ombrage , allèrent jusqu'à l'accuser , du haut de la chaire , de vouloir corrompre le peuple par des chants impudiques , scandaleux et grossiers , de présider à des assemblées de chanteurs de carrefours , d'amuser la foule par des spectacles nouveaux , d'introduire dans les paroisses des coutumes dont la pratique était intolérable à des personnes âgées , qui avaient d'autres affaires de plus grande conséquence que d'apprendre à parler purement le breton (4). Sur ces dénonciations , un prélat (l'évêque de Cornouaille) , qui ne pouvait s'instruire par lui-même de ce que contenaient les chansons bretonnes, parce qu'il n'entendait pas encore la langue du pays, selon la remarque d'un contemporain , adressa des réprimandes à l'auteur , comme à un homme qui mettait le scandale et la division parmi ses frères et qui cherchait à innover (5). Il enjoignit ensuite , sous peine d'excommunication , à tous ceux du diocèse qui logeaient quelques-uns des chanteurs formés par le saint prêtre , de les renvoyer ; mais la défense fut inutile : le peuple n'en continua pas moins à recevoir et à écouter les chanteurs , et l'on entendit une pauvre paysanne , qu'on menaçait de la mort , s'écrier , avec un accent sublime : « Nous ne chantons que la doctrine de Jésus-Christ ; qu'on nous crucifie comme on l'a crucifié , et nous chanterons encore sur la croix ! » Etonné de cette opiniâtreté , l'évêque se fit traduire quelques-uns des chants dénoncés , et les trouva si beaux et si édifiants , qu'il leva publiquement le blâme dont il les avait frappés , condamna les calomniateurs du saint prêtre , encouragea l'auteur , les chanteurs et les auditeurs , et même apprit la langue bretonne. Beaucoup d'ecclésiastiques , qui l'ignoraient comme lui , suivirent son exemple (6) ; et quoique les propos calomnieux contre Michel continuassent à avoir cours , au point que des « malicieux , ne sachant plus qu'inventer , publioient partout que c'étoit un sorcier » : ses succès ne se ralentirent nullement ; « la calomnie n'empêcha pas , poursuit son biographe , qu'il ne fût demandé , lui et ses disciples , dans tous les diocèses de la Basse-Bretagne ; que les villages mesmes où ils alloient ne devinssent aussi fréquentés que les grandes villes les plus peuplées ; qu'ils ne fussent obligés partout de prescher dans les places publiques ou au milieu de la

(1) Vie de Michel Le Nobletz, p. 386.
(2) Ibid. p. 133.
(3) Ibid. p. 266.

(4) Ibid. p. 217.
(5) Ibid. p. 156 et 292.
(6) Ibid. p. 295.

campagné, ne se trouvant pas d'églises assez grandes pour contenir leurs auditeurs ; et que près de quatre cent mille âmes n'eussent l'obligation au saint vieillard, avant sa mort, de ce qu'elles eussent été mises, par ses instructions, dans les voies du salut (1). »

Telle fut la mission de Michel Le Nobletz. Elle méritait une place importante dans l'histoire d'une langue qu'il avait prêchée pendant toute sa vie, dans laquelle il avait si souvent chanté, et qu'il eut, à son lit de mort, une si particulière consolation à entendre de la bouche d'un de ses disciples, qui lui lisait en breton, quand il expira, l'histoire des douleurs de Jésus-Christ. Quoiqu'il eût demandé à être inhumé au lieu où l'on enterrait les pauvres, son corps ne fut pas confondu avec eux. On lui éleva un tombeau en marbre, dans une église qu'il aimait, bâtie au bord de la mer, et dont le cimetière devait un jour donner asile aux restes mortels du législateur moderne de la langue bretonne. Son convoi, dit, en finissant, l'auteur contemporain souvent cité par nous, ne fut pas celui d'un particulier, mais comme celui du père des peuples et de la patrie (2). Jamais, en effet, pareil homme n'avait donné pareil élan à la langue et aux idées en Basse-Bretagne.

Un de ses disciples chéris, Julien Maunoir, continua son œuvre. Quoique né dans la Haute-Bretagne, où la langue des Bas-Bretons est toujours odieuse, il l'avait apprise, la savait assez pour pouvoir enseigner et même pour composer des poésies, où il résumait, sous une forme attrayante, les vérités de la religion, suivant en tout la méthode simple et populaire du maître. Ses succès furent pareils. Sur les montagnes, dans les vallées, aux bois, aux champs, sur les rivages et en pleine mer, on n'entendait qu'une voix qui répétait ses chants. Comme vers Michel Le Nobletz, on courait vers lui de toutes parts, de près et de loin, des quatre évêchés bretonnants, par tous les chemins, de toutes les petites villes, des bourgades, et principalement des îles d'où la population arrivait dans mille bateaux, chantant en cadence, en ramant, les cantiques pieux de son prédécesseur ; si bien que les ennemis de la renaissance nationale l'accusaient comme lui et disaient sérieusement « que, par je ne sais quels charmes secrets et la puissance du chant, il attirait après lui les îles entières (3). » Peut-être, au reste, cédaient-ils malgré eux à l'opinion celtique sur la force de la poésie. Le biographe de Maunoir ne paraît pas loin de la partager. « Un jour, assure-t-il, le saint missionnaire s'embarqua avec plusieurs de ses disciples, malgré une tempête horrible ; dès que la troupe fut en mer, ils entonnèrent des cantiques, et les rochers répétant la voix, les échos formèrent plusieurs chœurs, et, comme si la mer eût été sensible à ces concerts, on dit qu'elle se calma (4). » Maunoir lui-même croyait à cette puissance, mais en trouvant ailleurs les motifs de sa foi : il le raconte avec une simplicité touchante qui n'admet pas le doute. « Deux mauvaises années de suite ayant causé une grande cherté dans la Bretagne, je composai un cantique exprès en l'hon-

(1) Vie de Michel Le Nobletz, p. 298.
(2) Ibid. p. 314.

(3) Vie du P. Maunoir, p. 143 (éd. de 1834.)
(4) Ibid. p. 104.

neur de saint Corentin, pour réclamer son assistance, et ce bon saint, toujours secourable, assista son peuple, car les enfants qui chantaient ce cantique n'avaient pas achevé le premier couplet, que le ciel s'étant couvert, contre toute apparence, il tomba une pluie douce qui dura plusieurs jours et réjouit toute la Bretagne (1). »

Quand on a cette foi naïve et forte dans l'instrument dont on se sert, quelle action ne peut-on pas produire? Mais Maunoir ne se borna pas à prêcher et à chanter, il voulut étendre encore le cercle de son influence, et coopéra, soit personnellement, soit par ses conseils, à la création de deux colléges, où le breton était la langue usuelle des écoliers : l'un à Quimper, l'autre à Morlaix, ville alors des plus considérables de la Basse-Bretagne, et que sa situation entre les évêchés de Tréguier, de Léon et de Cornouaille, rendait très-importante. Il chargea de ce dernier établissement, où accoururent des élèves des trois évêchés, un de ses amis, le P. Quintin, disciple de Michel Le Nobletz, qui ne tarda pas à être secondé par un ecclésiastique gallois catholique nommé Charles Lhuyd, banni de son pays pour cause de religion, et depuis archevêque de Cantorbéry. Peut-être le commerce du prêtre exilé, ou quelque grammaire bretonne apportée du pays de Galles, donnèrent-ils à Maunoir l'idée d'en écrire une semblable pour les Bretons d'Armorique? Mais certainement il y fut poussé en entendant prêcher ces sermons en langue mixte à la mode dans les villes, et auxquels, selon un de ses confrères, aucun des auditeurs campagnards ne pouvait rien comprendre (2). C'est lui-même qui nous l'apprend : « Trouvant, dit-il, que plusieurs qui ont charge d'âmes, ne sçavent la langue de leurs ouailles, ce qui est cause qu'ils ne peuvent les entendre ni leur parler; que d'autres, quoyque sçavants et vertueux, ayant intermis l'usage de la langue maternelle hors leur païs natal, pendant le cours de leurs estudes, ont oublié une partie des mots propres de l'idiome d'Armorique, ce qui est cause que, dans leurs prédications, ils se servent de plusieurs mots françois, avec la terminaison bretonne, qui ne sont pas entendus de la plupart des auditeurs ; ces difficultés à l'égard de ceux qui ne savent l'idiome du païs avec la perfection qui est requise, m'ont porté à composer une grammaire et syntaxe d'Armorique, et un dictionnaire où ils trouveront tous les mots nécessaires pour composer un sermon en cet idiome (3). » Dans son épître dédicatoire à saint Corentin, patron et premier évêque de Cornouaille, il y ajoute d'autres motifs encore plus forts. « Considérant, ô grand Apostre ! que je me trouve dans un lieu qui a toujours tenu bon au langage que vous avez parlé et à la foy que vous avez plantée, je me sens obligé de donner au public quelques instructions, pour conserver l'une et l'autre ; et ce, (d'autant) plus volontiers, que, par vostre assistance, j'ay eu le bonheur d'apprendre cet idiome si nécessaire parmy vos brebis. » Et, formant un vœu que le Ciel exaucera, il s'écrie : « Dieu soit bény, jusques à la fin du monde, dans cette langue; nous l'espérons par l'assistance des sept Saints de Bretagne (4) ! » Il composa donc un livre inti-

(1) Vie du P. Maunoir, p. 159.
(2) Vie de Michel Le Nobletz, p.114,117 et 151.

(3) Préface, p. 17 et 18.
(4) Ibid. p. 4 et 5.

tulé :

tulé : *Le sacré collège de Jésus* (KENTÉLIOU CHRISTEN EUZ AR C'HOLACH SAKR), *divisé en cinq classes, où l'on enseigne en langue d'Armorique les leçons chrétiennes, avec les trois clefs pour y entrer, savoir : un dictionnaire, une grammaire et syntaxe, en même langue;* et cette épigraphe : *Venite, filii, audite me;* « venez, enfants, écoutez-moi ». Il avait déjà fait paraître un recueil de ses chants religieux et de ceux de Michel Le Nobletz. Nous examinerons la valeur philologique de ces divers ouvrages. Bientôt presque tous les prélats, recteurs, ecclésiastiques, tant réguliers que séculiers du pays, les adoptèrent, dit le P. Maunoir, et voulurent parler purement le langage que leurs premiers pasteurs avaient parlé. René du Louet, évêque et comte de Cornouaille, saint vieillard alègre et vigoureux dans ses travaux apostoliques, malgré ses quatre-vingts ans, était à la tête de la réforme. En 1659, il donnait l'exemple depuis cinquante-cinq ans, « preschant et catéchisant le simple peuple et les villageois, accordant leurs différends, les consolant dans leurs afflictions, les visitant en leurs maladies. » La Cornouaille, fait observer Maunoir avec modestie (il eût pu dire toute la Basse-Bretagne), lui a l'obligation de se voir *renouvelée*.

Le pays l'était en effet. Comme Michel Le Nobletz avait trouvé un successeur digne de lui dans Maunoir, celui-ci trouva dans le P. Marzin un disciple capable de le remplacer. Son élégie sur la mort de Maunoir (1683) prouva qu'il avait assez de talent et de dévouement pour mériter pareil honneur : « Las ! hélas ! Bretons, chantait-il, le P. Maunoir est mort ! Il s'est éteint votre flambeau; il est mort, votre tendre père (1). » Et, réunissant sous une même auréole poétique les fronts glorieux des deux saints, il les représente marchant, comme deux anges de lumière, au triomphe de la foi et de la langue nationales. « Je les vois, dit-il, un pied sur la mer, un pied sur la terre; ils vont à grands pas, la nuit, comme la lune, et le jour, comme le soleil, et, à leurs clartés, les ténèbres fatales s'évanouissent en Bretagne(2). »

Les travaux de Vincent Marzin, du P. Delrio, et ceux du P. de Lannion, de l'ordre des Frères prêcheurs, qui fit imprimer, en 1692, à l'usage des prédicateurs, les discours de toute une vie d'apostolat, remplirent la fin du xvii° siècle et les premières années du suivant, où un autre religieux du même ordre, le P. Grégoire, de Rostrenen, publia son grand dictionnaire français-celtique(1732), puis sa grammaire bretonne (1738). Les lacunes considérables de la grammaire et des dictionnaires du P. Maunoir, le mouvement de jour en jour plus général, en faveur de la langue nationale, déterminèrent François-Marie de Saint-Malo, quatre fois provincial des Capucins de Bretagne, à charger Grégoire de cette tâche importante. Le but était le même que celui du P. Maunoir : « c'était, dit l'auteur, afin d'aider, par ce moyen, les jeunes religieux et plusieurs ecclésiastiques zélés du païs, à traduire leurs sermons françois en breton, pour pouvoir prescher aux peuples de la Basse-Province, dont la plus grande partie ne sçait pas la langue françoise. » Ses pérégrinations apos-

---

(1)*Allaz! allaz! Bretoned, maró ann tâd Maner!*
Maró eo hô sklérijen, maró eo hô tâd ker !
(HENT AR BARADOZ, édit. de 1689, p. 138.)
(2)*Eun troad hô deûz war ar mór, eunn all*
war ann douar;

A gamêjou brâz éz eont, enn nóz, ével al loar,
Hag enn deiz, ével ann héol, ha dré hô sklérijen
E pellaont diouc'h a Vreiz ar gwall dévalijen
(Ibid., p. 141.)

f

toliques, sans cesse renouvelées dans tous les évéchés bretons, en lui apprenant les divers dialectes de la langue, et lui faisant, comme il disait, trouver sa patrie partout, devaient le mettre plus qu'un autre à même de mener cette entreprise à bonne fin : nous verrons s'il y réussit complètement. En 1752, dom Le Pelletier, religieux Bénédictin de la congrégation de Saint-Maur, vint à son tour prêter l'appui de ses lumières à la renaissance bretonne, par la publication de son dictionnaire in-f° breton-français. Il l'écrivit surtout pour conserver les expressions propres de la langue bretonne, que « plusieurs ecclésiastiques, dans l'enseignement quotidien de la religion, laissent se perdre, dit-il, trouvant plus commode d'emprunter les mots du français que de les chercher dans le breton. » Imprimé aux frais des Etats de Bretagne, dont certains membres Hauts-Bretons, trompés par le titre, se méprirent sur les intentions purement nationales et philologiques de l'auteur, cet ouvrage, qui éclipsait tous ceux du même genre publiés avant lui, produisit d'heureux effets, malgré le discours préliminaire de Taillandier, ses vues étroites, fausses et peu patriotiques. Dom Le Pelletier, le premier, avec l'autorité que lui donnait sa qualité de Bénédictin, introduisit un peu d'ordre et de méthode dans l'étude, jusque-là confuse et sans critique, de la langue bretonne. Il a ouvert l'ère nouvelle et préparé les voies aux travaux supérieurs et parfaits de Le Gonidec, à qui je me hâte d'arriver.

Mais, à la fin du siècle où ils naquirent tous deux, une grande révolution éclatait. La Bretagne qui, devenue province française, avait cependant su maintenir, avec une administration distincte de celle de la France, les restes de ses anciennes libertés, perdait jusqu'à son nom. Elle se voyait enfermée dans des limites arbitraires, et divisée administrativement en cinq départements : un purement français, celui d'Ile-et-Vilaine, embrassant les anciens évêchés de Dol, de Rennes et de S.-Malo; un tout breton de langue, de mœurs et de costumes, le Finistère, formé des deux évêchés de Léon et de Cornouaille; et les trois autres, plus ou moins bretons et français, les Côtes-du-Nord, réunissant les évêchés de Tréguier et de Saint-Brieuc; le Morbihan, représentant celui de Vannes, et la Loire-Inférieure, celui de Nantes.

En même temps, la vieille société aristocratique se dissolvait; les prêtres, violemment expulsés des presbytères et des églises, étaient cachés ou en exil; le culte était détruit; la défense de l'autel et du foyer armait les populations bretonnes, comme toujours rebelles au joug, qu'il vînt des rois ou des tribuns. Trop jeune pour se mêler à des dissensions cruelles, dont gémissait l'humanité, Le Gonidec fuyant l'échafaud, où son nom seul l'avait fait monter, et auquel il avait échappé comme par miracle, consacrait, déguisé en paysan, dans une retraite du Léon, les loisirs tourmentés que la révolution lui faisait, à apprendre méthodiquement la langue du peuple dont il portait le costume national. L'atticisme proverbial du langage usité autour de lui, qu'il avait parlé jusque là, sans étude, et les leçons d'un vieil antiquaire enthousiaste, qui lui prêta l'ouvrage de dom Le Pelletier, décidèrent sa vocation scientifique. Un voyage forcé chez les Bretons d'Angleterre, alors occupés de la vaste publication de leurs documents littéraires, et par lesquels il fut accueilli comme un frère de sang et de

langue, lui donna une ardeur nouvelle ; de retour en Bretagne , il chercha, il nota, il coordonna , pendant plusieurs années , les lois de l'idiome
d'Armorique , ramenant à une pratique uniforme les coutumes locales et
particulières contraires aux règles générales , et composa sa grammaire ,
cette charte littéraire des Bretons (1807). L'ordre renaissait alors en France :
le premier consul , qui aimait la bravoure bretonne , qui avait appelé la
résistance armée de l'Ouest *une guerre de Géants*, et qui, d'autre part ,
admirait beaucoup les poëmes celtiques attribués à Ossian, encouragea la
création d'une académie ayant pour but d'étudier les antiquités nationales
et particulièrement la langue et les usages des Gaulois. Le Gonidec en devint
un des membres les plus distingués ; le désir de présenter quelques éléments
utiles aux recherches de ses collègues , le détermina à mettre au jour sa
grammaire. Malheureusement , ils ne surent pas en profiter, et laissèrent aux
générations nouvelles l'art d'en tirer parti. La plupart , amis de Le Brigant et
de Latour-d'Auvergne , avaient, comme ces deux archéologues, plus d'enthousiasme que de science et de critique , et l'*Académie celtique* , qui revit
aujourd'hui sous le nom de *Société des Antiquaires de France*, dut mourir
de ses propres excès. Quoi qu'il en soit, Le Gonidec , dont les philolo-
gues éclairés ne confondirent pas les travaux avec ceux des visionnaires
celtiques , poursuivit l'étude à laquelle il avait dévoué sa vie, et publia,
en 1821 , un dictionnaire breton-français. Encouragé par le jugement
flatteur que rendit de ce recueil et de la grammaire , dans le *Journal des
Savants*, Abel Rémusat, la plus grande autorité du temps , il se mit à composer un dictionnaire français-breton : outre le désir de soumettre , au
jugement des hommes instruits , le répertoire complet des mots de la langue
bretonne , il avait pour motif, en l'écrivant, de s'aider lui-même dans la
traduction du *Catéchisme historique*, de Fleury, des *Visites au S. Sacrement*,
de Ligori , de l'*Imitation de J.-C.* , et surtout de l'*Ancien* et du *Nouveau
Testament*, dont le dernier parut en 1827. Il pensait aussi qu'il pourrait
être utile non-seulement au clergé , pour la prédication , et aux habitants
des châteaux et des villes qui ont des rapports journaliers avec les campagnes , et introduisent souvent des mots français dans le breton , mais
surtout aux étrangers que leurs affaires appellent en Bretagne, et aux
fonctionnaires de toutes les classes que leurs attributions mettent en rela-
tion avec des hommes qui ne les comprendraient point , s'ils ne s'adres-
saient pas à eux dans l'idiome vulgaire. Par malheur , la mort a surpris
Le Gonidec (1838) avant qu'il ait pu mettre au jour son second dictionnaire , et il a légué , en mourant, cette tâche à ses disciples , avec l'a-
chèvement de son œuvre.

Ceux-ci ont profité des leçons de leur maître et des fautes qui ont perdu
l'*Académie celtique*. Plus modestes que leurs devanciers , plus sévères
pour eux-mêmes , dégagés des liens d'un certain patriotisme puéril et
maladroit, n'aimant pas moins que leurs pères leur histoire , leur langue
et leur littérature nationales, mais alliant cet esprit à toutes les grandes
idées nouvelles, fidèles à la petite patrie, sans cesser de l'être à la grande,
passionnés pour la vieille civilisation celtique , si je puis employer ce
mot, mais aussi pour les progrès de la haute civilisation moderne, prenant dans leurs travaux l'histoire et les faits pour seuls guides , et non

les feux-follets de leur imagination, ils suivent les sentiers sûrs qui mènent à la vérité.

Leur premier acte fut un hommage filial à la mémoire de Le Gonidec : ils lui votèrent un monument dont l'érection a eu lieu, avec une grande solennité, le 12 octobre 1845, au Conquet, sa ville natale, sous la présidence de Mgr Graveran, évêque de Quimper. Depuis, ils lui en ont élevé un autre plus durable que le Kersanton : ils ont fait imprimer son grand ouvrage posthume, le Dictionnaire français-breton, et réimprimer sa Grammaire, qui paraît pour la troisième fois, avec son Dictionnaire breton-français, aujourd'hui à la seconde édition, et considérablement augmenté. Mieux que la pyramide de granit, ces livres apprendront à la postérité le nom vénéré de l'homme si justement nommé, dans l'inscription de son mausolée, *le savant, le sage, le législateur du breton* (1).

Les membres de la nouvelle école (qu'on me pardonne de lui donner ce nom ambitieux) ne s'en sont pas tenus là : voulant vulgariser encore plus l'instruction et la faire descendre dans les masses, ils ont publié une petite grammaire bretonne usuelle, d'après la méthode de Le Gonidec, suivi d'un traité de la versification celtique, le premier qui ait jamais été écrit dans le dialecte armoricain, et un dictionnaire français-breton, sur le modèle du dictionnaire breton-français du maître. La collection et la publication des textes devait aussi appeler leur attention : l'un d'eux, au retour d'une fête de famille donnée par les Bretons du pays de Galles à leurs frères d'Armorique, a fait imprimer un choix des chants mythologiques, héroïques, historiques, domestiques et religieux de la Bretagne, conservés par la tradition et appartenant à tous les dialectes, à toutes les époques, depuis le Vᵉ siècle jusqu'à nos jours ; un autre a réédité, avec discernement, les plus beaux chants sacrés composés par Michel Le Nobletz, Maunoir et leurs successeurs dans l'apostolat ; un troisième enfin s'est borné aux chants religieux et nationaux bretons nés sous l'influence des orages révolutionnaires. Et, pour frapper à la fois les yeux, l'oreille et l'esprit du lecteur, on a joint à ces recueils les airs originaux notés, et plusieurs morceaux du premier ont été publiés par livraisons, en une édition populaire de luxe tirée à dix mille exemplaires, avec des gravures sur bois soigneusement exécutées. Mais aucune de ces publications n'avait encore été faite que déjà la harpe nationale d'Armorique, retrouvée par le poëte des Bretons et si souvent maniée depuis avec tant d'éclat et de talent, résonnait en l'honneur du pays natal : elle y ranimait l'art savant des vieux bardes, aujourd'hui en pleine culture, prenant toujours comme eux, pour sujet de ses chants, l'éloge des saintes croyances, des mœurs patriarcales, des usages vénérables, des traditions de gloire et de loyauté, des costumes pittoresques et de la langue du pays, ou la satire des innovations ridicules et intempestives. Le théâtre breton lui-même, persécuté sous l'ancien régime, s'est rouvert avec notre siècle ; autorisé par une administration éclairée et bienveillante, il est pleinement libre aujourd'hui, et poursuit, aux grandes fêtes, dans plusieurs villes et bourgades, le cours de ses représentations. Non contents de jouer les vieilles pièces, les poëtes en ajoutent chaque

(1) *Dén gwiziek ha dén fúr, reizier ar brézonek.*

année de nouvelles à son répertoire, prouvant ainsi que le génie dramatique est loin d'être éteint en Bretagne.

A la grammaire, au dictionnaire, au traité de versification, aux recueils des poésies anciennes ou nouvelles et de musique dont j'ai parlé, je pourrais joindre beaucoup d'autres ouvrages ; je ne m'arrêterai pas aux deux *Revues*, où l'on juge les nouvelles productions en langue bretonne, premier essai d'examen critique de la littérature nationale ; mais je dois une mention toute spéciale à un important recueil périodique, purement breton, portant le titre de *Lizériou Breüriez ar Feiz* (Lettres de la Société de la Foi), qui se rattache à l'œuvre générale de la Propagation, et va atteindre le chiffre énorme de vingt mille lecteurs. Fondée par des disciples de Le Gonidec, cette publication, qui offre au peuple une lecture pleine d'enseignements et d'intérêt, et où on lui donne les premières notions qu'il ait reçues d'histoire et de géographie, parut sous les auspices des Evêques de Quimper et de St-Brieuc, toujours prêts à encourager tout ce qui peut concourir au maintien de la Foi, à la conservation de la langue bretonne et aux progrès de l'instruction. L'approbation accordée aux travaux des rédacteurs est une sanction éclatante des principes de la nouvelle école bretonne, et mérite d'être citée : « Nous ne pouvons, dit Mgr Graveran, qu'approuver le plan et les travaux des écrivains bretons de ces Annales. Nous ne croyons pas sans intérêt d'appeler l'attention de nos bien-aimés coopérateurs sur le soin apporté à n'employer, autant que possible, que des mots appartenant à la langue bretonne, et à suivre, pour l'orthographe, une méthode rationnelle et arrêtée. L'absence de toute règle et la fréquente introduction d'expressions exclusivement françaises, ôtent beaucoup de leur charme aux ouvrages d'ailleurs les plus utiles et les mieux composés, et nous croyons que nos pieux laboureurs eux-mêmes apprécient très-bien l'élégance et la pureté du langage. Dans quelques années, grâce à la multiplicité des écoles, tous, ou du moins le plus grand nombre, entendront la langue française ; mais ce sera la langue savante qu'ils parleront aux habitants des villes, ou aux personnes d'une condition supérieure ; entre eux, et dans leurs rapports de tous les moments, le breton demeurera le langage usuel, auquel ils s'attacheront de plus en plus, s'il est purgé de tout alliage, si, dans ses productions, il substitue aux errements capricieux de chaque écrivain, les règles fixées par la pratique et l'assentiment des plus doctes. L'instruction qu'ils auront puisée dans les écoles les rendra plus sévères sur l'observation de ces règles nécessaires de toute langue écrite ou articulée. Appliquons-nous donc à les connaître et à les observer, pour prévenir le mépris ou la décadence de notre précieux idiome, car sa conservation importe au bien de ce pays. »

Ce succès n'était pas le seul réservé à l'école nouvelle. Mgr Graveran devait plus tard développer les dernières paroles qu'on vient de lire, et en faire le sujet d'un mandement sur la conservation de la langue bretonne, comme gardienne de la religion et de la moralité du peuple qui la parle. Son nouvel appel aux sentiments religieux et patriotiques des hommes pour lesquels il remplace, comme prince de l'Eglise et comme protecteur naturel, les anciens comtes de Cornouaille et de Léon, se termine ainsi : « Nous vous ferons une dernière recommandation : ayez toujours du respect et de l'estime pour vous-mêmes. Respectez-vous comme chrétiens : aucun titre sur la terre n'égale celui-là en grandeur et en espérances. Estimez-vous comme Bretons ; ce nom, quand il est bien porté, est un gage d'attachement aux vieilles croyances, de fidélité aux pratiques saintes, de constance dans le sentier du devoir. Vous avez besoin, dit-on, d'être polis par la civilisation avancée du siècle : nous ne disputerons pas ; mais prenez garde qu'à force de vous polir, la civilisation ne vous use, n'efface l'empreinte de votre caractère religieux. Voilà, N. T. C. F., le sujet de nos alarmes ; voilà pourquoi nous voyons avec un contentement réel que vous teniez à vos vieux usages, à vos vieux costumes, à votre vieille langue ; et nous ne parlons pas ici, en littérateur préoccupé de questions philologiques, en artiste épris de formes pittoresques, mais en évêque convaincu par l'expérience et la raison de l'étroite liaison qui existe entre la langue d'un peuple et ses croyances, entre ses usages et ses mœurs, entre ses habitudes et ses vertus. »

Peut-on mieux penser et mieux dire ? Si Le Gonidec est l'écrivain qui a fait les plus beaux ouvrages en langue bretonne, l'évêque de Quimper sera de tous les prélats bretons celui qui aura le plus contribué à rendre durable le mouvement intellectuel qui leur doit naissance. Maintenant, les instructions pastorales publiées seulement en français jusqu'ici, paraissent dans les deux langues, et sont pour la littérature armoricaine une nouvelle source de richesses.

Il nous reste à voir quels sont les caractères de l'orthographe, du vocabulaire et de la grammaire bretonne, depuis la fin du xve siècle. Nous les exposerons en peu de mots.

Voici la liste des ouvrages bretons les plus importants publiés dans cet intervalle :

1° Le nouveau *Catholicon*, dictionnaire breton-français-latin (1), 1501.

2° Quatre mystères en vers, savoir : *le Mont du calvaire ; la Passion de Jésus-Christ ; le Trépas de la Vierge Marie et ses quinze joies* (TRÉMENVAN ANN ITRON MARIA HA HÉ PEMZÉK LÉVÉNEZ) ; *la Vie de l'homme* (BUHEZ MAPDÉN) (2), 1517 et 1530.

3° *La Vie de sainte Barbe*, telle qu'on a coutume de la jouer en Basse-Bretagne (BUHEZ SANTEZ BARBA ÉVEL M'AZ KUSTUMER HÉ HOARI ENN GOÉLET-BREIZ), et *la Vie de saint Gwénolé*, autres mystères en vers (3), 1557.

4° *Les quatre fins de l'homme* (ANN PÉVAR FIN DIVEZAFF), par le P. de Penfentenyo ; et *Le miroir de la Mort*, (MELLÉZOUR ANN MARV), poésies religieuses et morales (4), 1560 et 1570.

5° Deux traductions en langue bretonne, l'une du catéchisme latin du P. Canisius ; l'autre du catéchisme français de R. Benoist, curé de Saint-Eustache à Paris, par Giles de Kerampuil (5), 1576.

6° Une traduction de la *Doctrine chrétienne*, de Bellarmin, par Ives Le Baelec, suivi d'un recueil de cantiques notés, et d'une vie de saint Pol de Léon, par frère Bernard, de Saint-Pol, carme (6), 1616 et 1628.

---

(1) Imprimé à Paris, chez Quillevere.
(2) Chez le même.
(3) A Morlaix, sur le Pont-Bourret.
(4) Même ville, au couvent de Cuburien.

(5) A Paris, chez Jean Kerver.

(6) La première édition à Nantes, la seconde à Morlaix, chez Georges Allienne.

7° Le dictionnaire et les colloques français-breton de Guillaume Quicquier (1), 1632, 1633 et 1640.

8° Un choix des cantiques de Le Nobletz, du P. Maunoir, du P. Marzin, du P. Delrio et autres, publiés d'abord sous le titre de HENT AR BARADOZ (le chemin du ciel); puis, de AR VUHEZ CRISTEN (la vie chrétienne), et sous d'autres titres (2), 1650, 1689 et 1712.

9° Le dictionnaire breton-français et français-breton, et la grammaire bretonne du P. Maunoir (3), 1659.

10° Les psaumes mis en vers bretons par Charles Le Briz (4), 1727.

11° Le dictionnaire français-celtique du P. Grégoire, de Rostrenen, et la grammaire française-celtique du même (5), 1732 et 1738.

12° Le dictionnaire de la langue bretonne de dom Le Pelletier, religieux bénédictin de la congrégation de Saint-Maur (6), 1752.

13° *La Vie des Saints*(BUHEZ AR ZENT), par Claude Marigo(7), 1752 et 1780.

14° Charlemagne et ses douze pairs. — Les quatre fils d'Aymon. — Saint Guillaume, comte du Poitou, drames bretons en vers (8), 1815 et 1818.

15° Les fables bretonnes de Ricou, cultivateur (9), 1828.

16° Les fables choisies de la Fontaine, traduites en breton par M. de Goësbriand, père. — *Le combat des Trente* (GWERZ EMGANN ANN TRÉGONT), poëme, par le même (10), 1836 et 1837.

17° La grammaire bretonne, le dictionnaire breton-français, *le Nouveau Testament*, etc., etc., de Le Gonidec (11), 1807-1821, 1827-1838.

18° *La Harpe d'Armorique* (TÉLEN ARVOR), poésies par M. Brizeux (12), 1838 et 1844.

19° *Les Chants populaires de la Bretagne* (BARZAZ-BREIZ), recueillis et publiés par l'auteur de cet essai (13), 1839-1840, 1845-1846.

20° *Les Chants sacrés des Bretons* (KANAOUENNOU SANTEL), choisis, mis en ordre et publiés par M. l'abbé Henry, de Quimperlé (14), 1842.

21° Le dictionnaire français-breton de M. Troude, chef de bataillon (15), 1842.

22° Les lettres de la Société de la Foi (LIZÉRIOU BREURIEZ AR FEIZ) (16), publication périodique, 1844, 1845, 1846, 1847.

23° Les mandements de Mgr Graveran, évêque de Quimper (KÉLENNADURÉZOU ANN AO.'N ESKOP A GEMPER) (17), 1846 et 1847.

24° *La Foi et le Pays* (AR FEIZ HAG AR VRÔ), chants religieux et nationaux des Bretons, de 1789 à 1814, recueillis et publiés par M. l'abbé Durand, de Tréguier (18), 1847.

25° Le dictionnaire français-breton posthume de Le Gonidec, son dictionnaire breton-français et sa grammaire réédités (19), 1847.

---

(1) La première édition, chez l'auteur, à Roscoff; la seconde, à Londres; la troisième, à Saint-Brieuc, chez G. Doublet.

(2) A Quimper-Corentin, chez Jean Hardouin. — A Morlaix, chez De Ploesquellec.

(3) A Quimper, chez Hardouin.

(4) *Ibid*, chez Simon Perrier.

(5) A Rennes, chez Julien Vatar.

(6) A Paris, chez François de La Guette.

(7) A Quimper, chez Simon Perrier.

(8) A Morlaix, chez Guilmer.

9) *Ibid*.

(10) *Ibid*.

(11) Angoulême, Trémeau, éditeur. Paris, Delloye.

(12) Paris, Duvergier, éditeur (première édit.) Lorient, Gousset (deuxième édit.)

(13) Paris, Charpentier, éditeur (première édit.) *Ibid*., Delloye (2ᵉ et 3ᵉ édit.) *Ibid*, Franck (4ᵉ édit.)

(14) Saint-Brieuc, L. Prud'homme, éditeur.

(15) Brest, Le Fournier, éditeur.

(16) Quimper, Blot, éditeur.

(17) *Ibid*.

(18) Vannes, Lamarzelle, éditeur.

(19) Saint-Brieuc, L. Prud'homme, éditeur.

26° *La Genèse* (LEVR AR C'HÉNÉLIEZ), traduite en breton par M. l'abbé Henry, avec approbation de Mgr l'évêque de Quimper (1), 1847.

27° La nouvelle grammaire bretonne, d'après la méthode de Le Gonidec, suivie d'une prosodie, publiée par la Société du *Breûriez ar Feiz*, avec cette épigraphe tirée du barde Taliésin :

Hô Doué a garoñt,
Hô iéz a viroñt :

« ils aiment leur Dieu, ils conservent leur langue » (2), 1847.

Quelque longue que soit cette liste d'ouvrages, il serait facile de l'augmenter encore par l'énumération de toutes les poésies bretonnes qu'on imprime journellement et en si grand nombre, soit en brochures ou sur feuilles volantes, soit dans les *revues* ou les journaux de Basse-Bretagne; aux noms cités, nous pourrions joindre ceux de beaucoup d'autres écrivains de mérite appartenant, comme les précédents, aux trois dialectes usuels de Léon, de Cornouaille et de Tréguier : l'abbé Le Scour ; le docteur Guizouarn ; M. Laouénan, auteur d'un roman breton prêt à paraître ; M. Prosper Proux; M. Guennoc, de Lesneven ; l'abbé Clec'h, qui termine un poëme sur la grande querelle des de Blois et des Montfort ; enfin, l'abbé Le Joubioux, auquel le dialecte breton-gaël, si négligé, de Vannes, doit un premier essai de réforme, par la méthode de Le Gonidec, et qui propage dans le Morbihan le mouvement déjà opéré dans le Finistère et les Côtes-du-Nord. Mais il faut se borner (3). Je passe donc à l'examen de l'orthographe, du vocabulaire et de la grammaire, tels que nous les montrent les divers ouvrages que nous venons d'énumérer.

L'orthographe arbitraire, née pendant la période de décadence de la langue bretonne, et dont nous avons indiqué les caractères, continua à avoir cours de l'an 1500 à l'année 1600, et à se modeler sur celle de France, qui n'était elle-même ni moins arbitraire, ni moins inconstante. Le changement le plus important que font pressentir les livres imprimés entre ces deux dates, surtout quand on arrive au XVIIe siècle, est l'adoucissement du langage, par la suppression de certaines consonnes, soit au commencement, soit au milieu, soit à la fin des mots (4). Les écrivains bretons subissaient insensiblement en ce point l'influence de la mode française ou plutôt italienne ; plusieurs étaient les premiers à convenir, avec Giles de Kerampuil, «que l'idiome breton est *rude* et *mal poli en sa diction* ; qu'ils ne sont bretons *quasi que par force* ; que d'ailleurs la première modelle n'est jamais pollie, mais s'approprie par la vue et maniement des bons espritz », c'est-à-dire, pour parler clairement, qu'on prononçait

---

(1) Quimperlé, Guffanti-Breton, éditeur.
(2) Saint-Brieuc, L. Prud'homme, éditeur.
(3) La *Revue d'Armorique* a donné de nombreux morceaux choisis tirés de leurs œuvres et de celles de plusieurs autres poëtes vivants, dans une série d'articles intitulés : *Revue de la poésie bretonne contemporaine*, 1843, 1844, 1845 et 1846.
(4) Ainsi, au lieu de *lléo* (écoute), dont le double *l* est aspiré, et qu'on prononçait encore au XIIIe siècle *c'hléo* (voy. sainte Nonne, p. 4 et 6), on écrivit et l'on prononça *léo*. Au lieu de *llavar* (langage), on écrivit et prononça

lavar. Au lieu de *laézroñsi* (vol), *laéroñsi*. Au lieu de *bezret* (cimetière), *béret*. Au lieu de *breuzr* (frère), *breûr*. Au lieu de *gouzaffet* (souffert), *gouzavet*. Au lieu de *aznaout* (connaître), *anaout*. Au lieu de *goffiziédégez* (savoir), *gouziégez*. Au lieu de *marv* (mort), *maró*; de *bézaff* (être), de *pédaff* (je prie), d'*anézaff* (lui), de *gañt-haff* (avec lui), etc., *bézann*, *pédann*, *anézhañ*, *gañt-hañ*, etc.

Va malloz a bédann *gañt-ha*,
Ha gañd ar skeûd eûz anézha.

«Je lui donne ma malédiction, et même à son ombre!» (Le Nobletz, *Ar Vuhez gristen*, p. 87.)

autrement

autrement qu'on n'écrivait, et que l'auteur laissait au lecteur à faire les permutations des lettres. De là à la seconde innovation importante du xvie siècle, savoir, l'indication dans la langue écrite des changements de consonnes en usage dans la langue parlée, il n'y avait qu'un pas ; aussi la voyons-nous tentée, quoique timidement et seulement pour quelques verbes, par les écrivains du xvie siècle (1). Giles de Kerampuil, à la fin de cette époque, fut plus hardi, il employa à la fois les deux manières, ancienne et nouvelle, d'écrire (2), et trouva, au commencement du xviie siècle, dans Ives Le Baelec et Guillaume Quicquier, des imitateurs qui allèrent encore plus loin (3). Mais, en 1650, la vieille méthode est tout à fait détrônée : le P. Maunoir lui porta les derniers coups. « Il semble qu'il est à propos, dit-il, de changer la façon ancienne des escrivains bretons, pour escrire le langage armorique... Les anciens Bretons ne mettoient point les lettres dans lesquelles les mutes estoient changées, mais escrivoient toujours le mot comme il se trouve au dictionnaire ; cela fait qu'il est impossible aux apprentifs de cette langue de lire les anciens livres bretons ; » et, citant plusieurs expressions bretonnes (4), il poursuit : « Quel est celui qui pourra lire les mots escrits ainsi à l'ancienne mode ? N'est-il pas à propos d'escrire comme on prononce (5) ? » Il s'autorise en cela d'une opinion nouvelle en France : « Les François depuis peu, fait-il observer, ont trouvé cette façon d'escrire fort propre. » Il eût pu s'appuyer, avec plus d'autorité, sur l'usage récent des Bretons-Gallois ; et, plutôt que de donner des règles incomplètes de permutation, reproduire les leurs ; mais, au fond, il avait raison, quant à ce premier chef : l'écriture est la peinture de la voix ; plus elle est ressemblante, meilleure elle est ; quant à la suppression des consonnes au milieu ou à la fin des mots, pour adoucir la prononciation, c'est fort différent. Le P. Maunoir étant né dans la partie française de la Bretagne, et le français sa langue maternelle, ces signes étrangers pouvaient le choquer et lui paraître durs à l'oreille ; ils choquaient aussi Giles de Kerampuil, « nourry, comme il nous l'apprend lui-même, entre Françzoiz et aultres nacions », et qui prie les lecteurs de l'excuser, « s'il ne sçait orner le langage breton. » Mais ces signes n'avaient rien d'extraordinaire pour les Armoricains : ils leur étaient familiers, et d'ailleurs nécessaires : ils imposaient au mot l'empreinte de sa signification primitive ; ils montraient son origine et sa va-

---

(1) Les auteurs des mystères de Ste Barbe et de St Gwénolé écrivent, comme aujourd'hui, *mé a rai*, je ferai, pour *mé a grai* ou *a gourai*, forme primitive. *Da glasq* (sic), à chercher, pour *da klask* ; *da zisquif* (sic), à instruire, pour *da diski* ; *da gomps*, à parler, pour *da komps* : *né hallez*, tu ne peux, pour *né gallez*, etc.

(2) Il écrit *an drà*, la chose, et, en marge, *an trà* (fol. 8). *A drà*, de la chose, et, en marge, *a trá* (fol. 13). *A ra*, il fait, et *a gra* (fol. 2, 3, 12). *A réomp*, nous faisons, et *a gréomp* (fol. 16). *Na ret*, vous ne faites, et *na graet* (f. 22). *A ri*, tu feras, et *a gri* (fol. 8), etc.

(3) On le voit clairement, quand on compare les morceaux communs à ces auteurs et à G. de Kerampuil. Ainsi, dans le *Credo*, ce der-

nier écrit encore, sans permutations, *mé a cred* EN *Doué*, *an tat holl-galloudec*, *crouer d'an efu ha d'an douar*, *hag* EN *J.-C.* HÉ MAP... *Zo bézet laquaet d'AN* MARV... *Ez DEÙI da barn* AN RÉ *bév hag* AN RÉ MARV. Ives Le Baelec, au contraire, suit déjà presque la manière moderne : *mé a cred* È *Doué an tâd oll-galloudec*, *croueur d'an én ha d'an douar*, *hac* È *J.-C.* HÉ VAB... *Zo bet léqueat d'AR* MARO... *È DEÙI da barn* AR RÉ *béo hag* AR RÉ *maro* (p. 19). Pour que toutes les permutations fussent faites, il eût dû écrire : *mé a GRÉD... holl-C'HALLOUDEK... È TEÙI da* VARN *ar ré* VÈÒ *hag ar ré* VARÒ. C'est ainsi qu'écrit, en 1712, l'auteur de AR VOHEZ GRISTEN. (p. 7)

(4) *Da bézaff* ; *ma tat*, etc.

(5) C'est-à-dire, *Da véza* ; *ma zat*, etc. (p. 1.)

leur. Une fois supprimés, l'orthographe bretonne perdait plusieurs de ses qualités les plus précieuses : les affinités, la dérivation, l'étymologie (1). Beaucoup le furent malheureusement, car l'autorité de Maunoir préva- lut sur l'usage ancien du pays. Les expressions étant défigurées de la sorte, la manière dont il les écrivit dans ses deux dictionnaires et sa grammaire prévalut aussi, avec ces trois ouvrages, pendant tout le cours du XVIIe siècle, c'est dire que l'on continua à écrire comme précédem- ment, et comme lui, sans principes fixes et sans méthode. Nous ne nous arrêterons donc pas à étudier cette orthographe *ad libitum* : elle ne sup- porte pas l'examen d'une critique sérieuse (2).

Grégoire de Rostrenen, au commencement du siècle suivant, sentit plusieurs des inconvénients de l'orthographe du P. Maunoir, et, parmi un grand nombre d'erreurs, proclama quelques vérités : le premier, il avait compris la nécessité de généraliser les principes de la langue bre- tonne, de ramener à la règle ce qui n'en est que l'application ou l'exem- ple. Le premier, il avait touché au doigt un des préjugés les plus plai- sants, quoique des plus invétérés, de ses compatriotes, en raillant agréa- blement « ceux qui s'imaginent, comme il dit, posséder entièrement la langue bretonne, parce qu'ils la savent bien de la manière qu'on la parle dans leur village, ou au plus à cinq ou six lieues de chez eux (3).» Il déclare se conformer à l'usage nouveau d'écrire, contrairement aux anciens Bretons, les lettres dans lesquelles sont changées les mutes, afin de faciliter la lecture et la prononciation. « Pour lever cette difficulté, dit-il, j'écris dans mon dictionnaire et dans ma grammaire comme on prononce. » Mais, en même temps, il fait une réserve expresse en fa- veur de certains mots, que le P. Maunoir, dont il se sépare ici, a altérés, en y supprimant des consonnes. « Il y a, fait-il observer, quelques mots particuliers dont je n'ai point changé les lettres, pour en faire voir l'éty-

---

(1) Par exemple, en écrivant *marv*, mort, et non *marô*, on pouvait suivre ce mot dans tous ses dérivés : *marvi* ou *mervel*, mourir ; *marvet*, décédé ; *marvel*, mortel ; *merventi*, mortalité. En écrivant *ar goaff*, et non *ar goan*, l'hiver ; *ann haff*, l'été, et non *ann han*, com- me écrivait Maunoir et comme il voulait qu'on écrivît, non-seulement on conservait à ces mots leur pluriel régulier, qui est *goaffou* et *haffou*, mais, de plus, on retrouvait toute leur famille : *goaffa*, hiverner ; *goaffek*, d'hiver ; *goaffadur*, quartier d'hiver ; *goaffi*, se faner, etc.; *haffek*, *haffuz*, d'été ; *haf*, mûr ; *haffi*, mûrir, etc.

(2) On ferait un volume des contradictions qu'elle offre. Pour n'en citer qu'un petit nom- bre, il écrit, dans son dictionnaire français- breton (p. 46), *scarlec*, le mot qu'il écrit *squar- lec*, dans son dict. breton-français (p. 172). *Lambrusc* dans l'un (p. 71), et *lambrusq* dans l'autre (p. 155). *Laquat*, ibid. (p. 79), et *la- cat*, même page ; et, dans son dict. bret.-fr. (p. 147), *lacat*, et (p. 155), *laquat*. Dict. franç.- bret. (p. 47), *scolaer*, et (p. 98), *scholaer*. Dict. br.-fr. (p. 170), *scloquat*, et, dans l'autre (p. 92), *scloca*. Ibid. (p. 167), *quern*, et, dans le dict. fr.-br. (p. 136), *cern*. Ibid. (p. 124), *ker*, et dans l'autre (p. 167), *quer*, etc., etc. Mais, ce qu'il y a de plus singulier, c'est que, tout en n'employant pas la lettre K, la seule qui con- vienne, à la place du C, du Q et du QU, dans tous ces mots, et en ne la citant même pas dans l'alphabet de ses dictionnaires, il s'en sert dans les mots *kal* (dict. fr.-br., p. 18); *kalargoan* (dict. fr.-br., p. 119); *knec'hen* (ibid., p. 117); *Kemper* (gramm., p. 49); *Kimper* (dict. br.-fr., p. 176), et dans beaucoup d'autres. De même il emploie dans plusieurs mots le W, qu'il ne mentionne pas davantage parmi les lettres de l'alphabet, et il écrit, à la manière des Bre- tons-gallois, *salw* (dict. franç.-bret., p. 108); *lawrega* (dict. br.-fr., p. 156); *gawr* et *gaowr* (dict. fr.-br., p. 25); *caw* (ibid., p. 8 et 20); *erw* (dict. br.-fr., p. 147); *enderw* (dict. fr-br., p. 111); *quilderw* (dict. br-fr., p. 168); *disliw* (ibid., p. 143). Enfin, il se sert indifféremment de S et de X dont le son n'existe même pas en breton, et il écrit *marmoux* (dict. fr.-bret., p. 64), et *marmous* (p. 111); *treus* (dict. fr.-br., p. 120), et *treux* (gramm., p. 51); *penaux* et *penaus* (ibid., p. 62), etc., etc.

(3) Préface du dict., p. 1.

mologie ; » et il se propose de donner dans toute leur ampleur ces expressions tronquées, qui sont l'effet de la corruption de la langue ; en même temps, blâmant encore indirectement Maunoir, il s'élève avec raison contre l'emploi des lettres inutiles, superflues ou même trompeuses, et il en appelle à l'orthographe celtique ancienne contre l'orthographe bretonne imaginée en 1650, à l'imitation, dit-il, des François et des Latins. Par malheur, il est loin de mettre toujours en pratique ces excellents principes, et les contredit souvent dans l'exécution. Du reste, on s'en étonne moins, quand on voit ce qu'il entendait par ancienne orthographe celtique. C'était pour lui, non pas celle de l'époque brillante de la langue bretonne, mais de la décadence : l'orthographe où s'étaient introduits le *ch* et le *j* français ; le *ç* et le *çz*, pour figurer les dentales aspirées *ſ* et *θ* ; le *g* ayant le son du *j* ; le *g* suivi d'un *u* devant les voyelles *e*, *i*, lequel *u* ne servait qu'à rendre incertain le son de la syllabe qui en provenait ; le *ph* déjà figuré par *f* ; le *q*, l'*x* et l'*y*, lettres inutiles ; l'orthographe où le *k* et le *w* ne paraissaient plus qu'exceptionnellement ; en un mot, à peu de choses près, le système vicieux du P. Maunoir. L'examen des deux dernières lettres, relativement à l'emploi qu'en fait le P. Grégoire, donne lieu à une remarque curieuse, et prouve bien son défaut de méthode : pas plus que le P. Maunoir, il ne mentionne le *w* dans l'alphabet qu'il place au commencement de son dictionnaire et de sa grammaire, et pourtant il en fait usage comme lui (1). Quant au *k*, voici ce qu'il dit : « à la place du *k*, qui, à la vérité, est naturel à notre langue, et a été de l'ancienne orthographe, je me sers de la lettre *q*. » Sa raison est plaisante : « c'est parce que cette lettre ne défigure pas tant les mots. » Du moins sera-t-il d'accord avec lui-même et emploiera-t-il toujours le *q*, à l'exclusion de ce *k* si désagréable à l'œil ? Pas du tout ; oubliant ses propres paroles, il écrit le même mot tantôt avec un *c*, tantôt avec un *q* ou *cq*, et tantôt avec un *k* (2). Lorsqu'il commença sa grammaire, peu d'années après la publication du dictionnaire où l'on trouve ces anomalies incroyables, quelqu'un les lui fit remarquer sans doute, car il voulut se mettre d'accord avec lui-même et avec l'ancienne orthographe, et il dit, en répétant d'ailleurs presque mot pour mot une observation très-juste du P. Maunoir (3), mais qu'ils n'ont mise en pratique ni l'un ni l'autre, « *k* et *q* peuvent s'employer pour une même lettre, parce qu'ils ont les mêmes règles, le même son, la même prononciation (4). » Aussi, écrit-il dans sa grammaire, à la fois par un *k* et par un *q*, les mots qu'il écrivait le plus souvent par cette dernière lettre dans son dictionnaire (5). On voit que sa manière d'écrire ne mérite guères plus que celle du P. Maunoir d'occuper l'attention de la critique.

Le bénédictin dom Louis Le Pelletier devait mettre en pratique les prin-

---

(1) Ainsi il écrit *wal* (dict., p. 213), *ysward* (ibid., p. 773), *Wener* (gramm., p. 33), etc.

(2) Pour n'en citer que quelques preuves, je me contenterai de dire qu'on trouve, dans son dictionnaire (édit. de 1732.) p. 176, le mot *tok* écrit *toc* et *tocq* ; p. 301, *karrek* et *kerrek*, et, p. 825, *qarrecq* et *gerrecq* ; p. 772, *qaévaez* et *kaévaez* ; p. 157, *qastel*, et, p. 568, *kastel* ;

p. 552, *lacqat* et *laqat* ; p. 117, *stanc*, et, p. 372, *stanq* ; p. 52, *qever*, et, p. 772, *kéver*, etc., etc.

(3) Grammaire, p. 76.

(4) Grammaire, p. 9.

(5) *Qaé* ou *kaé*, dit-il ; *qéff* ou *kéff* ; *qicq* ou *kicq* ; *qéguin* ou *kéguin* ; *kélastren*, *kernévad*, *kéhezlou*, *kérésez*, p. 21 ; *qérésen*, p. 47 ; *qi*, ibid. ; *kyesed*, p. 48, etc., etc.

cipes posés, mais non suivis, par le P. Grégoire. C'était le temps où l'orthographe française, que Voltaire appelait *absurde*, cherchait à se fixer elle-
même, et où le docteur Jonhson essayait de fixer celle de l'Angleterre. Le Pelletier sentit que la confusion et les anomalies qui défiguraient la langue bretonne, provenaient en grande partie d'un défaut de système graphique, et
là où le caprice s'était longtemps joué sans contrôle, et où le manque de lumières avait voulu opérer de petites réformes puériles, il porta le flambeau de la méthode et de la raison. Procédant avec le respect qu'une critique éclairée doit à l'antiquité, et avec la considération qu'un homme
instruit doit au génie de sa langue, il chercha dans la structure même de
la langue bretonne, dans la formation régulière de ses mots primitifs et
dérivés, dans les différentes orthographes anciennes de tous les livres
bretons, les bases d'un système graphique à la fois philosophique et national. Le résultat de ses recherches se trouve consigné en tête de son
dictionnaire. On lui doit, entre autres perfectionnements, la restaura-
tion du *g* (γ); du *k*, à l'exclusion du *q*, du *cq* et du *qu*; du *z*, à
l'exclusion de *ç* et de *çz* (1); de *f*, au lieu de *ph*; de l'*i*, au lieu d'*y*;
enfin du *w*, dans l'orthographe bretonne. A propos du *w* et du *k*, il fait
cette remarque importante et très-juste : « ce sont deux lettres *absolument nécessaires* au breton ;... la dernière en vaut quatre, y compris le *c*,
qu'on peut retrancher de l'alphabet et remplacer par *k*, devant toutes les
voyelles comme ailleurs (2). » Quant au *g* (γ), lettre à laquelle les écrivains
bretons de la décadence ajoutaient un *u* trompeur devant les voyelles *e*
et *i*, il jugea convenable d'y joindre un *h*, non que cela fût nécessaire,
« mais uniquement, dit-il, pour bien en assurer le vrai son (3). » Le *g*
se trouvait ainsi parfaitement distinct du *j* consonne, d'importation
française, et que dom Le Pelletier se vit obligé d'admettre, comme le
ch français, car l'usage et la nécessité les avaient malheureusement naturalisés. Cependant le respect, peut-être un peu superstitieux, du bénédictin, pour l'antiquité, à laquelle il empruntait son système graphique, le fit tomber dans une inconséquence qu'une logique rigoureuse
devait réformer. Ainsi, après avoir dit qu'on peut retrancher le *c* de
l'alphabet breton, et le remplacer par un *k*, dans toutes les circonstances, il maintient le *c* exceptionnellement devant *a*, *o*, *u*, parce que
certains écrivains anciens agissent de la sorte; mais il eût pu, par la
même raison, le proscrire; car d'autres écrivains non moins anciens,
et d'une égale autorité, le proscrivent devant toutes les voyelles et les
consonnes. Il maintient encore le *c* dans deux autres cas : pour le premier, toutefois, il se règle sur les anciens, parfaitement d'accord en ce
point; c'est quand le *c* est uni à la lettre *h* qu'il précède, et faute d'un
caractère breton propre à rendre le son guttural aspiré, que les Allemands expriment aussi par *ch*, les Espagnols par *x*, et les Grecs mo-

---

(1) Owen (dictionnaire gallois-anglais, édit.
de 1803) substitua aussi le *z* aux dentales aspirées ð et θ figurées jusque-là par *dd* et *th*,
dans l'orthographe galloise.
(2) Préface, p. 2, 5 et 10.
(3) Il écrivit donc *gher* et *ghil* les mots

qu'on prononce ainsi et que ses prédécesseurs,
depuis le xiiie siècle, écrivaient *guer* et *guil*,
et antérieurement, *ger* et *gil*. (Voy. le vocab.
breton de l'an 882, publié par Price, et, d'a-
près lui, par M. de Courson, *Essai sur l'histoire de Bretagne*, p. 424.)

dernes par χ. Dans le second cas , c'est pour figurer le son nouveau en breton du *ch* français , tel qu'il se prononce dans *château* , et il le représente de la même manière que l'orthographe à laquelle il a été emprunté ; seulement , comme on pourrait confondre les signes qui figurent les deux sons , si rien ne les distinguait , il écrit le premier en mettant entre le *c* et l'*h* une apostrophe anciennement inusitée , destinée à marquer l'aspiration gutturale , et le dernier sans apostrophe. En cela , il suit la manière d'écrire du P. Maunoir et de Grégoire de Rostrenen.

L'ancienne orthographe bretonne , restaurée par dom Le Pelletier , avec certains perfectionnements qu'exigeait la logique , fut sanctionnée par les Etats de Bretagne , comme l'orthographe française du dictionnaire de l'Académie l'avait été par l'autorité du gouvernement français , et celle du docteur Jonhson , par tous les hommes éclairés d'Angleterre. Mais il en est des systèmes graphiques comme de toutes les choses humaines : ils n'arrivent à la perfection , quand ils y arrivent , que progressivement et jamais du premier coup. Aussi , de même que l'orthographe française , modifiée et perfectionnée dans une seconde édition du dictionnaire de l'Académie , a été fixée seulement dans les premières années de notre siècle , l'orthographe bretonne de dom Le Pelletier , œuvre du temps , revue et corrigée scientifiquement , devait recevoir de Le Gonidec son dernier poli et son immutabilité. Adoptant la manière d'écrire de son prédécesseur et profitant de ses avis , il se borna à retrancher de l'alphabet breton la lettre *c* , quand elle n'est pas liée à un *h* , et la remplaça par *k* , dans toutes les circonstances où elle en a le son (1) ; il rétablit aussi , avec les anciens , le *g* pur et simple , auquel Le Pelletier joignait inutilement un *h* , puisqu'il répond au γ des Grecs et au *g* des Allemands , et qu'on ne peut d'ailleurs le confondre avec le *j* , qui a son caractère particulier (2). Il simplifia encore l'emploi du *w* , presque toujours employé par dom Le Pelletier , à l'exclusion de la diphtongue *ou*. Il ne s'en servit que dans les mots dont le radical commence par un *g* , où il est indispensable , à cause des permutations , et pour laisser voir ce radical (3) , dernière amélioration importante (4). Modifiée et perfectionnée de la sorte , l'orthographe bretonne est d'accord avec les principes sur lesquels la science a fondé les plus belles qualités des langues , je veux dire l'étymologie , la dérivation , la régularité , la distinc-

(1) Par cette raison , il la conserva dans les mots *chupenn* , *chétu* , etc. , qui se prononcent comme en français ; et dans les mots *glac'har* , *marc'h*, etc., qui se prononcent *glahar* et *marh*, du gosier. Mais il écrivit *kanna* , *kébér* , *ki* , *korsen* , *kûz* , *krés* , *skoul* , *stork* , etc. , conformément au vocabulaire du ixᵉ siècle , où l'on peut voir ces mots orthographiés de cette façon. (Voy. De Courson , *loco citato* , p. 433 et 437.)

(2) Il écrit donc , comme l'auteur du vocabulaire breton de 882 , *ger* , *gil* , *kigel* , etc. L'*u* introduit dans ces mots durant la décadence , ne servait , on l'a déjà dit , qu'à rendre trompeur le son de la syllabe qui en provenait. Comment , par exemple , distinguer le son de *gil* dans *gilkam* , qu'on doit prononcer *ghilkam* , si on écrit *guilkam* , de celui de *guil* dans *guillou* qu'on prononce *gu-illou* ?

Ce serait la même équivoque que dans les mots français *anguille* et *aiguille*.

(3) Ainsi dans *gwarek*, qui, en construction, devient *warek* ; dans *gwella* , qui devient *wella* ; dans *gwall*, qui devient *wall* ; dans *gwenn* , qui devient *wenn*, etc. Nous avons vu (p. xxxiv) cette orthographe usitée à l'époque brillante de la langue bretonne où l'on écrivait *wigar* (pour *gwigar*) , *wallon* (pour *gwallon*) , *wenn* (pour *gwenn*) , *wézen* (pour *gwézen*.)

(4) Je ne parle pas de celles qui n'ont guères de valeur et d'utilité que dans les dictionnaires et les grammaires , telles que l'emploi , 1° du Ñ espagnol , pour rendre le ɢ ou ɴ mouillé ; 2° d'un ʟ ainsi souligné , ʟ , pour exprimer le son du double *ll* mouillé ; 3° du Ñ , pour marquer l'ɴ nazal ; et enfin des accents figurés de toute espèce.

tion, la clarté, les affinités, la facilité dans l'enseignement et l'usage ;
elle est simple, uniforme, dictée par le génie même de la langue,
appuyée sur l'autorité des écrivains anciens les plus méthodiques, et
conserve aux mots leur véritable physionomie, leur véritable son, sans
trop s'écarter de l'usage reçu. Maintenant suivie par tous les litté-
rateurs bretons de quelque mérite, sans aucune exception, elle a défi-
nitivement prévalu de nos jours et est désormais fixée. Si elle ne l'a
pas été plus tôt, il faut l'attribuer à l'esprit de routine des Bretons, aux
personnes âgées habituées dès leur jeunesse à employer une orthographe arbitraire, qui ne sont pas disposées à en adopter une nouvelle,
quelque parfaite qu'elle soit, à la fin de leur vie ; et surtout aux libraires
intéressés à l'écoulement de vieux livres de fonds rédigés dans des orthographes différentes entre elles et d'elles-mêmes, dernier débris de l'anarchie orthographique à laquelle dom Le Pelletier est venu mettre un terme.

Cependant, quelque importante que soit l'orthographe d'une langue,
les mots en eux-mêmes et surtout les lois qui les unissent en les gouver-
nant, ont bien plus d'importance ; or, il résulte du dépouillement de
tous les ouvrages bretons publiés depuis le commencement du XVIᵉ
siècle, et de tous les vocabulaires antérieurs à dom Le Pelletier, que
l'anarchie qui régnait dans la manière d'écrire existait aussi dans l'emploi des mots. Supplantés déjà par leurs équivalents latins, puis romans,
avant le XVᵉ siècle, un grand nombre de mots celtiques l'étaient maintenant par les expressions françaises correspondantes ; comme toujours,
l'ignorance, la paresse, la négligence, et, le plus souvent, la vanité,
guidaient les auteurs de ces néologismes ; évidemment ceux qui les in-
troduisaient, ou bien ignoraient leur langue, ou ne se donnaient pas la
peine de l'étudier, ou voulaient montrer qu'ils savaient le français, et
qu'ils tenaient à suivre la mode. Les hommes et les mots du pays étaient
traités alors de la même manière : les uns et les autres devaient céder
le pas aux nouveaux venus. Un auteur déjà cité, Giles de Kerampuil,
prétendit réduire en système ce qui, avant lui, avait été le fait excep-
tionnel d'écrivains plus ou moins corrects. On peut le voir dans sa traduction du catéchisme latin de Canisius, livre bon et propre, dit-il,
pour *prélats, pasteurs, maistres d'escole et pères de famille*, c'est-à-dire,
destinés à tous les Bretons. Afin de leur apprendre le français, il emploie
le plus de mots possible de cette langue ; mais, comme il craint de n'être
pas compris, il indique en marge, au moyen d'astérisques, ou dans le
texte même, les vraies expressions bretonnes correspondantes. Son procédé est trop curieux pour que je n'en cite pas des exemples, quand ce
ne serait que pour le flétrir. Ainsi, là, le texte offre le barbarisme français *ressuscitaz* (sic) (il ressuscita), la marge, son équivalent breton,
dasçzorc'haz (sic) ; ailleurs, *virginitez*, la marge, *guerc'hdet* (sic) ; plus
loin, *puissançz*, la marge, *gallout* ; l'un *convoitise*, et l'autre *c'hoant* ;
l'un *invoquemp* (sic) (invoquons), l'autre, *galvemp* ; celui-ci *intérieur*,
celle-là *calon* (sic) ; ou bien on voit en regard les uns des autres, les
mots barbares et les mots indigènes, *anduret* (anduré), et *gouzavet* ;
retiraf (retirer), et *tenn* ; *facil* et *habasq* (sic) ; *promessa* (promesse) et *diou-*
gan ; *antreprenet* (entrepris), et *quemeret* (sic) ; *multiplio* et *cresquo* (sic) ;

augmenter et *cresquer* (sic) ; *instituifv* et *quélen* (sic) ; *transgression* et *torri-digez* ; *prix* et *gobr* ; *conseillafv* et *cusuliafv* (sic) ; *multipliet* et *squignet* (sic) ; *déité* et *douéléz* (divinité) ; *pitoyabl* et *trugarézus* ; *maternel* et *gui-nidic* (sic) ; *différent* et *dishaval*, etc., etc. (1). Plusieurs des auteurs postérieurs à Giles de Kerampuil trouvèrent son procédé d'un effet agréable et l'imitèrent ; quelques-uns même voulurent le surpasser, et, jugeant que le français ne suffisait pas, ils y joignirent le latin (2). Qu'on juge de la physionomie d'un pareil style et combien il devait être compris du peuple des campagnes ! Aussi avons-nous vu qu'il n'y entendait rien (3). Mais le breton rustique, comme nous l'avons dit, choquait les habitants des villes, des châteaux et des presbytères, et il fallait le réformer. Pour y parvenir, on ajouta l'interpolation aux moyens précédemment employés. Si les ouvrages de beaucoup d'anciens poëtes bretons, et particulièrement les chants religieux de Michel Le Nobletz, qui restèrent manuscrits de son vivant, fourmillent de tant de locutions françaises, il n'en faut pas chercher d'autre cause ; évidemment, elles ne sont pas toutes de lui : la première édition en fait foi, et le peuple des campagnes, qui ne retient que ce qu'il comprend, chante ses cantiques beaucoup plus purs qu'ils n'ont été imprimés. Nous avons d'ailleurs l'aveu précieux d'un homme qui en a fait paraître quelques-uns. « Parce que, dit Antoine de Saint-André, le style peu exact et le langage fort éloigné de celuy dont on se sert maintenant (dans les villes), en rendroit la lecture d'autant moins utile à plusieurs, que l'élocution leur en paroistroit plus ennuyeuse, j'ay pris la liberté de *changer* quelquefoys les *expressions* de ce saint homme (4). » Et, avec une naïveté qui désarme, il appelle cela « remédier à une sainte négligence. » Notez qu'Antoine de Saint-André écrivait quatorze ans seulement après la mort du poëte dont le style lui paraît vieilli et ennuyeux. L'ami et le disciple de Michel Le Nobletz, le P. Maunoir, céda-t-il lui-même quelque peu au torrent de la mode nouvelle, pour le vocabulaire, comme il y avait cédé pour l'orthographe ? On doit le croire, car ses dictionnaires et sa grammaire, quoique beaucoup moins remplis d'expressions françaises que les livres de ses contemporains, en contiennent cependant un grand nombre, dont les équivalents bretons existent : il en est à peu près de même de ses cantiques ; du reste, il n'en faut juger que par les éditions de son temps ; toutes celles qui ont paru depuis sa mort ont été progressivement altérées, comme les poésies de Le Nobletz (5). Grégoire, de Ros-

---

(1) Fol. 1, 2, 3, 4, 9, 13, 16, 19, 20, 22, 23.
(2) C'est ce que fit Ives Le Baelec : J.-C., s'éleva au ciel, dit-il, *é bianoc'h évit ma vé ar* FOULTR O *mont euz an* ORIANT *d'an* OCCIDANT, *péhiny a ya* IN ICTU OCULI. (p. 33 et 35.)—N'est-ce pas, au bout de onze cents ans, l'affectation pédantesque de Taliésin ? (Voy. p. xxvj.) —(3) Voy. p. xliv.
(4) Préface, p. 31 et 32.
(5) La strophe suivante, d'après deux éditions, l'une de 1659, l'autre de 1712, le prouvera de la manière la plus évidente :

Eal Doué, mirer d'am éné
Mé hô péd, dré hô trugaré,

Kisit diouz-in ann azrouañt
Evit na droubló ma skiañt.

« Ange de Dieu, gardien de mon âme, je vous en supplie, par votre miséricorde éloignez de moi le démon, qu'il ne trouble pas mon esprit. » (KENTÉLIOU KRISTEN (1659), p. 79).

O va éal-mdd, me hó SUPPLI,
P'oc'h eúz ac'hanon ar SOUSSI,
Né lezit kéd ann drouk-spéred
D'am zroubli e FASON *é-bet.*

« O mon bon ange, je vous en supplie, puisque vous avez souci de moi, ne laissez pas le malin esprit me troubler en aucune façon. » (AR VUHEZ GRISTEN (1712), p. 151).

trenen ne sut pas mieux distinguer les mots vraiment bretons , des expressions étrangères , introduites sans profit et sans nécessité, dans la langue bretonne. D'ailleurs , son breton naturel (il en convient modestement lui-même) était fort mauvais et peu intelligible , sinon dans l'évêché de Vannes , où il avait passé ses premières années. « J'ignore , ajoute-t-il , une infinité de mots bretons ; mais quelque sçavant dans la langue qui voudra se donner la peine de joindre ce qu'il sçait à ce qu'il trouvera ici digéré , sera en état de faire un autre dictionnaire beaucoup plus ample , plus recherché et plus utile au public (1). »

Dom Le Pelletier , qui mit à discerner les vraies expressions celtiques plus de tact et de sagacité qu'à les décomposer par l'étymologie , consacra vingt-cinq ans au recueil dont le P. Grégoire souhaitait la publication ; mais il mourut en y laissant des lacunes considérables.

Le Gonidec devait les remplir. « On peut regarder son dictionnaire breton-français , dit M. Brizeux , comme un chef-d'œuvre de méthode ; c'est un triage complet des précédents vocabulaires et glossaires , exécuté avec la critique la plus prudente et la plus sûre. Son dictionnaire français-breton a été fait sur le même plan et les mêmes principes. » Les deux ouvrages offrent un répertoire de tous les mots de la langue usuelle , telle que l'écrivent les meilleurs auteurs bretons de nos jours , et telle que la parlent et l'emploient , dans leurs chants populaires , les habitants des campagnes qui la possèdent le mieux. Comme le dialecte léonnais est pour les Bretons la langue générale ou commune , de même que l'attique l'était pour les Grecs , que le saxon l'est en Allemagne , et le toscan en Italie , et qu'il a l'avantage d'être entendu dans toute la Basse-Bretagne , Le Gonidec s'y est arrêté de préférence ; toutefois , lorsque le même mot se présente avec quelque modification , ou qu'il est différent dans les autres dialectes , il le donne aussi d'après eux ; il a soin encore , lorsqu'une expression qui n'existe pas en Léon est usitée ailleurs , d'indiquer à quel dialecte elle appartient plus particulièrement. Quant aux mots sans famille dans la langue bretonne , et empruntés aux idiomes étrangers , il n'a pas cru devoir les exclure du vocabulaire , s'ils manquent d'équivalents bretons , et s'ils sont absolument nécessaires pour exprimer les idées qu'ils représentent. Les uns sont d'ailleurs d'un usage tellement ordinaire , et les autres ont été tellement modifiés par le génie breton , qu'ils se sont naturalisés en quelque sorte en Bretagne. Les bannir n'eût pas été sage ; les conserver sans les distinguer eût été peu prudent : il a donc admis les intrus, mais en marquant les plus nouveaux d'une astérisque, afin que l'on ne confonde pas les indigènes avec eux , qu'on se garde à l'avenir d'en admettre d'autres semblables , et qu'on cherche aux idées nouvelles , à l'exemple des Gallois , des expressions dans la langue nationale. Défendre les avenues du langage , retenir les mots fugitifs , repousser les étrangers , ne jamais les recevoir au mépris des indigènes , ou ne les admettre qu'avec discernement , après une longue épreuve , lorsqu'ils suppléent une disette réelle et que le breton se les est incorporés , tel a été le but de Le Gonidec , en faisant l'inventaire des mots de la langue bretonne : il a

_____

(1) Dictionnaire français-celtique. Préface , dernière page.

entouré ,

entouré, comme d'une haie vive, si j'ose ainsi parler, le jardin ouvert trop longtemps de l'idiome de ses pères, et désormais l'entrée en
est interdite aux profanes, qui ne savent toucher aux fruits sans les gâter.

En acceptant le périlleux honneur de compléter une œuvre qui est
pour la Bretagne ce qu'est pour l'Italie le Dictionnaire de la Crusca, pour
l'Angleterre celui de Johnson, et pour la France celui de l'Académie,
je me suis proposé le même objet que Le Gonidec, et j'ai essayé de le
remplir. Comme certain Jean Thierry, aujourd'hui fort oublié, qui publia,
avec l'aide et diligence de gens savants, en 1564, l'excellent Dictionnaire
français-latin du célèbre Robert Etienne, premier ouvrage régulier de
ce genre, en y faisant des additions, j'ai cru devoir en faire moi-même
d'indispensables aux dictionnaires de Le Gonidec; mais, comme maître
Thierry, j'ai signé tout ce que j'ai ajouté, « afin, dirai-je aussi, que
l'honneur soit rendu à qui il appartient. » Les mots dont j'ai augmenté la nouvelle édition du dictionnaire breton-français, anciens pour la
plupart, doivent faciliter l'intelligence des vieux auteurs. Au contraire,
les additions faites au dictionnaire français-breton sont, en général, des
locutions qui appartiennent à la langue usuelle ; un petit nombre sont des
termes abstraits et métaphysiques, parfois empruntés au dialecte breton-
gallois, très-riche en ce genre, le plus souvent formés par les Bretons
d'Armorique, d'après le génie de leur langue, de radicaux celtiques,
et ayant cours depuis un demi-siècle. J'ai recueilli les premiers dans
les livres bretons-armoricains, composés depuis le xe siècle jusqu'à nos
jours ; les derniers, soit de la bouche des paysans de Léon, de Tréguier, de Vannes, et surtout des montagnards cornouaillais, qui sont,
selon dom Le Pelletier, les dépositaires du plus pur breton (1) ; soit dans
leurs chants populaires, dont j'ai écrit des milliers sous leur dictée, pendant quinze années de recherches ; soit enfin dans mes conversations
avec des Bretons de Galles voyageant en Armorique, et particulièrement
avec les ouvriers mineurs du pays, qui viennent travailler dans nos usi-
nes, ou avec les habitants mêmes de la principauté, durant mon séjour parmi eux. Toutefois, en ce dernier cas, qui est rare, je n'ai admis
que les mots gallois formés de mots armoricains usuels, facilement
entendus de ce côté-ci du détroit, et toujours en indiquant leur origine.

L'examen des dictionnaires de Le Gonidec, de ses autres ouvrages et de
ceux dont on a lu la liste, publiés depuis 1838, date importante, prouve que
la langue bretonne n'est pas aussi pauvre qu'on pourrait le croire, qu'elle a
autant d'expressions que les Bretons ont d'idées, et qu'elle suffit par consé-
quent aux besoins de ceux qui la parlent et l'écrivent. On y voit aussi qu'elle
existe encore à un degré de pureté digne de remarque. Malheureusement,
les écrivains modernes ont dû subir les changements introduits dans la
prononciation des mots par l'usage qui commençait au xviie siècle et que
sanctionna le P. Maunoir ; ils ont été forcés d'accepter plusieurs expressions
telles que l'abus les a faites, c'est-à-dire, avec des consonnes de moins, ce
qui altère ou masque leurs racines. Les auteurs de la troisième édition du
Dictionnaire de l'Académie (1740) s'étaient vus contraints à obéir de la mé-

(1) Dictionnaire breton, préface, p. 13.

h

me manière à l'usage établi ; mais l'usage n'en avait pas moins tort. Cependant, comme en suivant de préférence le dialecte de Léon, les écrivains bretons de nos jours n'ont pas hésité à adopter les mots de Cornouaille et de Tréguier, toutes les fois qu'ils y ont rencontré des sons plus conformes aux caractères distinctifs des langues primitives, et des expressions plus analogues au génie du breton, selon la méthode et le conseil de Le Gonidec, ils ont obvié très-souvent à l'inconvénient dont je parle. Seul, le dialecte vannetais n'a pu offrir aucune ressource en ce genre : les mots y ont perdu la plupart des belles qualités des langues. Ils se contractent, s'oblitèrent et se décolorent à mesure qu'on s'éloigne de Léon et des montagnes de Cornouaille, cantons où l'idiome est plus riche, plus sonore, plus méthodique qu'ailleurs. Lorsqu'on arrive à Vannes, ils sont tout à fait tronqués. Ici l'accent tonique, au lieu de s'élever avec la pénultième syllabe, tombe avec la dernière ; les voyelles éclatantes s'assourdissent ; les brèves remplacent les longues ou se contractent ; les désinences disparaissent ; l'e muet, inconnu dans les autres dialectes, tient presque toujours lieu de l'é fermé. La syncope est partout ; les mots harmonieux de Léon, dépouillés de leur majesté, apparaissent à l'état de monosyllabes : pareils, si j'ose dire, à des arbustes vigoureux et verdoyants au soleil, rabougris et rachitiques à l'ombre (1). Dans ces mots brusques et précipités, comme l'a très-bien remarqué M. Ozanam, en parlant des langues germaniques, on croit sentir la prononciation d'une foule grossière qui ne donne rien aux plaisirs de l'esprit, qui se soucie peu de l'euphonie, pressée de se faire entendre et satisfaite d'être comprise. C'est que, dans le Morbihan, le français domine et est cité, tandis qu'au contraire, le breton l'est particulièrement dans le Finistère : *breton de Léon* et *français de Vannes*, dit un proverbe armoricain.

Les mots, dit un autre proverbe, *sont fils de la terre ; et les idées filles du ciel.* On peut le voir par ce qu'on vient de lire des altérations que les expressions de l'idiome élégant de Léon ou des montagnes de la Cornouaille subissent en s'éloignant de leur source, et en passant par la bouche d'hommes des autres dialectes. Heureusement, il n'en est pas ainsi de la grammaire : les différences de dialectes n'altèrent pas la forte organisation de la langue bretonne ; nous la retrouvons dans tous ; le temps même, nous l'avons vu, ne l'a pas changée davantage : elle est au xix° siècle, dans ses lois générales, ce qu'elle était au xv°, au xii° et au vi° siècle. Je ne pourrai donc pas faire l'histoire de ses variations, comme j'ai fait celle du vocabulaire. Je me bornerai à quelques considérations sur le style des écrivains bretons, et sur les grammaires bretonnes publiées depuis le xvi° siècle.

Ce qui frappe surtout dans les auteurs antérieurs à cette époque, et de plus en plus, à mesure qu'on remonte les siècles, c'est l'absence fréquente de liaisons grammaticales entre les mots, le grand nombre de prépositions, d'adverbes, de conjonctions et même de verbes sous-en-

---

(1) Ainsi le léonnais *lavaret*, dire, devient *laret* en Cornouaille, et *lert*, sur les frontières du Morbihan. *Laza*, tuer, en Léon ; en Cornouaille, *lazo* ; en Vannes, *lahein*. *Prézégi*, parler, en Léon ; *prézeg*, en Corn. ; *prég*, en Vannes. *Ankounac'haat*, oublier, en Léon ; *ankouat*, en Corn ; *ankout*, en Vannes. *Névzinti*, nouvelle, en Léon ; en Corn., *néventi* ; en Vannes, *neüted*. *Divéza*, dernier, en Léon ; en Corn., *divéa* ; en Vannes, *deüéañ*, etc.

tendus, d'où résultent un laconisme, et une concision extrêmes, qui, joints à la désuétude de certaines locutions, ou à leurs acceptions différentes, jettent souvent de l'obscurité sur le sens des phrases. Elle est quelquefois telle, qu'en citant les écrivains les plus anciens, on est forcé de les éclairer par des parenthèses, contenant soit les mots omis, soit ceux qui ont cessé d'être compris ou qui n'ont plus le même sens. Au contraire, à partir du xiiie siècle, le style devient de plus en plus diffus, de plus en plus prolixe ; les lieux communs, les inutilités ; les phrases de pur remplissage y abondent, et les liens du discours, principalement les adjectifs servant d'adverbes, y sont multipliés sans nécessité et sans mesure, jusqu'au milieu du xviie siècle. Alors il commence à se régler un peu ; il se débarrasse graduellement de ses richesses d'emprunt, luxe inutile et incommode ; et aujourd'hui, sans avoir la concision souvent exagérée des premiers siècles, il montre autant de netteté, de précision et de solidité qu'il en avait peu précédemment, et qu'en ont toujours eu ces beaux chants traditionnels composés et répétés d'âge en âge par les rustiques dépositaires du vrai breton (1).

Quant aux constructions régulières des phrases, à l'arrangement des mots selon les règles de la syntaxe, et à leurs relations mutuelles, les auteurs des chants dont je viens de parler, uniquement guidés par un sentiment exquis, naturel aux paysans des montagnes, où la plupart ont été faits, étaient presque les seuls, depuis la fin du xiie siècle jusqu'à la renaissance du xviie, dont les œuvres satisfissent complètement un goût délicat : les solécismes, les tournures vicieuses ou hétéroclites, les gallicismes, les incorrections de tout genre qui déparent le plus grand nombre des livres de la décadence, se joignirent aux causes que nous avons dites pour engager le P. Maunoir à publier les principes de la grammaire bretonne. Mais, s'il avait l'autorité du nom, il n'avait point celle de la critique. Son analyse des parties du discours est incomplète ; sa syntaxe calquée sur la syntaxe latine, dont elle suppose la connaissance, et qui n'a aucun rapport avec la syntaxe bretonne ; de plus, les règles de permutation qu'il donne, à l'imitation des grammairiens gallois, sont loin d'être suffisantes. Chose inouïe ! dans cette partie si importante de la langue, quand il cherche à formuler ces lois qui marquent les rapports des mots entre eux, le rôle qu'ils jouent dans la phrase, en suppléant aux désinences grammaticales, il n'indique pas le genre des mots ; et cependant, sans le connaître, il est impossible de s'exprimer correctement. Plus complète et plus utile que la grammaire du P. Maunoir, celle de Grégoire de Rostrenen n'est guère plus méthodique : il eût pu la rendre telle, car il avait sous les yeux l'excellente grammaire nationale des Bretons-Gallois, écrite par Davies, et, en suivant le même plan et modifiant quelque peu l'ouvrage d'après le dialecte armoricain, il eût fait un livre aussi bon. Il lui eût été facile, par exemple, d'y trouver les règles des permutations des consonnes réduites en des

(1) On y trouvera des preuves multipliées de ce que j'avance. (Voir le second volume du Barzaz-Breiz, édition de 1846. Voir aussi les Kanaouennou santel ; Ar feiz nag ar vrô, etc. ; et parmi les poésies contemporaines, Télen Arvor ; en attendant la publication si impatiemment désirée du recueil complet de celles du docteur Guizouarn, le barde cornouaillais. Pour la prose, ou peut recourir aux Lizériou Breùriez ar feiz.)

formules plus simples, plus claires, plus précises et plus justes que celles
qu'il a données, sans parler de beaucoup d'autres lois de la syntaxe bretonne mieux déduites, mieux exprimées et surtout rangées dans un meilleur ordre. Mais il manquait de la sagacité nécessaire à un grammairien;
ainsi croirait-on qu'il paraît avoir ignoré que les mots bretons eussent
des genres, jusqu'à l'époque de la composition de sa grammaire? c'est
du moins ce qu'on doit conclure, d'après son dictionnaire, car il n'y
spécifie pas plus leurs genres, que le P. Maunoir dans le sien. Tous ces
défauts ne l'ont pas empêché de faire autorité jusqu'à l'époque où Le
Gonidec est venu enseigner aux Bretons la vraie manière d'exprimer les
diverses modifications de la pensée, et marquer une ère nouvelle dans
la voie de perfectionnement où ils sont entrés avec toute la France du
xix⁰ siècle. On ne saurait trouver un guide aussi sûr pour l'étude du breton : les principes de prononciation et les règles de permutation qu'il
donne, son analyse des parties du discours, puis leur construction, ainsi
que les exercices qui les accompagnent, prouvent une connaissance ap-
profondie de l'idiome armoricain, et ne laissent rien à désirer sous le rapport de l'exactitude, de la méthode, de l'ordre et de la clarté. La
science a reconnu ces qualités en conservant un souvenir plein d'estime
pour Le Gonidec, et les Bretons en lui élevant, comme au législateur de
leur langue, le monument dont nous avons parlé. Grâce à lui, l'autorité remplace l'anarchie, la règle succède au caprice, l'unité règne aujour-
d'hui sous le rapport de l'orthographe, du vocabulaire et de la syntaxe;
des principes communs et généraux prévalent sur les coutumes locales;
une pratique constante s'établit, et les Bretons peuvent désormais écrire
et parler correctement et uniformément leur langue, plus pure et mieux
cultivée qu'elle ne le fut jamais.

L'homme qui opérait cette révolution ne devait pas assister au
triomphe de ses doctrines, mais il le pressentit. Atteint déjà de la maladie
qui l'emporta, et couché sur son lit de mort, tandis que plusieurs de ses
compatriotes, à la tête desquels il eût dû se trouver, partaient pour la fête
donnée aux Bretons d'Armorique par les Gallois, il m'écrivait ces lignes presque prophétiques : « Un jour, on sentira l'avantage de pouvoir employer
des mots purs bretons en écrivant pour des Bretons, et insensiblement, on
en viendra, comme dans ce pays de Galles où vous allez, à répudier du
discours tout ce qui sent le jargon, tout ce qui a été emprunté à un
idiome étranger; vous me direz que je vois cette révolution à travers une
longue-vue : j'en conviens, et ne m'attends pas à en être témoin; mais
je ne doute pas que vous n'assistiez au changement que je vous prédis. »

Moins de huit ans ont suffi pour réaliser la prédiction du digne vieillard mourant : elle l'a été, nous ne saurions trop le redire, grâce à l'in-
tervention puissante des prélats de Basse-Bretagne, jaloux de concourir
à une œuvre de lumière et de progrès, en protégeant une jeune littérature pleine de sève et de vie, dont les promoteurs dévoués, semblables aux athlètes qui couraient dans la lice, se passent de main en
main le flambeau du génie celtique :

Quasi cursores vitaï lampada tradunt.

CONCLUSION.

Telles ont été les destinées de la langue bretonne : idiome celtique, je crois l'avoir prouvé, employé dans une grande partie de la Gaule et dans l'île de Bretagne, aux époques anté-historiques ; il a eu sa période brillante en Armorique, avec les bardes, du v⁰ siècle au xii⁰, intervalle pendant lequel les chefs nationaux et leurs cours, et les classes supérieures le parlaient et le protégeaient. Du xii⁰ au xv⁰ siècle, déclinant avec la nationalité bretonne, il a eu sa première période de décadence, où, altéré, quant à son vocabulaire et à son orthographe, et banni violemment de la Haute-Bretagne, il continua cependant à être d'un usage assez général dans la Basse. Il a eu sa seconde phase de déclin du xv⁰ au milieu du xvii⁰ siècle, où, cessant graduellement d'être en Basse-Bretagne la langue usuelle des classes supérieures, méprisé des langues urbaines, persécuté jusque sous le chaume, il resta livré au peuple, par lequel, dès lors, mais pour lequel surtout, il fut exclusivement cultivé, comme il n'avait jamais cessé de l'être depuis les temps les plus reculés. Enfin, au xvii⁰ siècle, excitant l'intérêt des hommes instruits, il commença de renaître et de s'améliorer par les recherches laborieuses de l'érudition. Le xviii⁰ a marqué sa période ascendante par la science, et le milieu du nôtre marque son point culminant par la science unie à la critique et au vrai talent.

Mais ce n'est pas seulement, qu'on le sache bien, le goût des antiquités, de la philologie ou de la littérature celtique qui soutient et anime les hommes éclairés auxquels la langue bretonne doit sa culture actuelle ; ils veulent remplir, à l'aide de cet idiome, une mission bien plus importante. S'ils ravivent, s'ils épurent, s'ils perfectionnent le breton, c'est pour le rendre plus propre à instruire le peuple : le peuple si avide de savoir, si bien préparé à la semence intellectuelle, et qui répète depuis si longtemps le proverbe : *Mieux vaut instruire le petit enfant que de lui amasser du bien* (1) ; leur but est de répandre l'instruction dans la foule, par tous les moyens possibles, mais surtout par la presse ; d'entretenir les traditions d'honneur et de loyauté des ancêtres ; de développer les bons instincts des classes laborieuses, d'élever leur cœur et de les rendre meilleures en les éclairant. Ils se servent de la langue bretonne comme du seul instrument à leur portée, car le peuple n'en comprend pas d'autre ; et, tant qu'ils n'en auront pas un plus adapté aux besoins populaires, ils croiront devoir l'employer. Tout homme, dit le docteur Jonhson, est en effet plus vite et mieux instruit dans sa propre langue que dans les autres, et d'ailleurs il paraît difficile qu'on le soit au moyen d'un idiome qu'on n'entend pas. Telle était aussi l'opinion d'un homme d'état, ministre, il y a peu d'années, de l'instruction publique, qui,

(1) En breton :   *Gwell eo diski mabik bihan*
                  Egéd dastum madou d'ézhañ.

encourageant les efforts d'un des enfants de l'Armorique les plus dévoués à l'œuvre dont je parle, l'engageait à composer, pour les paysans de ce pays, une histoire de Bretagne en langue bretonne, et écrivait : « Nous n'aurons jamais assez de coopérateurs dans la noble et pénible entreprise de l'amélioration de l'instruction populaire : tout ce qui servira cette belle cause doit trouver en nous une protection reconnaissante. » Les travaux en langue rustique, tout modestes qu'ils peuvent paraître, ont donc quelques droits à l'estime des esprits préoccupés des besoins moraux et intellectuels du peuple. Pour avoir été moins favorisés que d'autres, auxquels le hasard des événements a donné l'empire, ces gracieux et innocents idiomes nous semblent aussi dignes d'attirer les regards d'une saine philosophie. Plusieurs d'entr'eux ne le cèdent en rien pour l'organisation aux langues urbaines et civilisées les plus savantes, et possèdent des titres sérieux à l'intérêt de la patrie commune ; quand des états divers se sont fondus en une vaste unité, toute la vie réelle dont chacun d'eux jouit encore, n'appartient-elle pas à la communauté ? Voilà pourquoi la France accueille et distingue cette veine celtique d'un génie si original et si puissant, qui avait autrefois tant de ramifications dans son sein et qui n'a plus de sève aujourd'hui qu'à ses extrémités. En aura-t-elle longtemps encore ? Dieu le sait ; mais si la langue des Bretons ne doit pas durer *autant que la mer dont les flots baignent leurs rivages*, comme les bardes du vi⁺ siècle l'ont audacieusement prédit (car quelle est la langue immortelle ?), du moins, ne sera-ce pas de nos jours, comme l'a remarqué M. Augustin Thierry, que leur prédiction sera démentie ; idiome usuel de dix millions d'âmes, dont douze cent mille en Basse-Bretagne, huit cent mille en Galles, le reste en Irlande et dans la Haute-Écosse, « la langue celtique, continue M. Thierry, est parlée encore par un assez grand nombre d'hommes, pour que son extinction totale soit dans un avenir impossible à prévoir ; elle a d'ailleurs un principe de durée qui semble se jouer des efforts des siècles et des hommes. »

Un phénomène vraiment curieux, c'est de voir aujourd'hui chacun des dialectes vivants de cette langue primitive, partout réduits à l'état rustique, demander partout, comme en Bretagne, une vie nouvelle à la science et à l'érudition, et tandis que les idiomes dérivés semblent converger en Europe vers l'unité par la fusion, eux, rebelles au mouvement général, que du reste ils n'entravent pas, repoussent comme une souillure tout contact avec leurs voisins moins sévères, voulant toutefois les égaler en politesse et en culture. Ce dernier trait du caractère celtique complète l'histoire que je viens d'esquisser. Je l'ai écrite, je l'avoue, avec le sentiment filial qu'inspire la langue du berceau ; mais aussi, j'ose l'espérer, avec la gravité dont la critique fait un devoir, et avec tout le respect qu'on doit à la science.

SAINT-BRIEUC, IMP. DE L. PRUD'HOMME.

www.ingramcontent.com/pod-product-compliance
Lightning Source LLC
LaVergne TN
LVHW022117080426
835511LV00007B/864